近代中日關係研究 第二輯 6

東亞政治史研究

衛藤瀋吉 著
陳鵬仁 譯

蘭臺出版社

譯者簡介

陳鵬仁：台灣省台南縣人，民國十九年十二月二日生

學歷：日本明治大學政治學碩士、美國西東大學文學碩士、日本東京大學國際關係學博士。

經歷：亞東關係協會東京辦事處僑務組組長、中國國民黨日本地區委員會書記長、中國國民黨中央海外工作會兼任委員、東吳大學日本文化研究所客座教授、東海大學歷史學研究所兼任教授及日本拓殖大學客座教授。

現任：中國國民黨中央黨史委員會主任委員，並兼任中國文化大學政治學研究所日本研究所教授。

著作：著譯有《戰後日本思想界的逆流》、《戰後日本的思想與政治》、《戰後日本的政黨與政治》、《日本侵華內幕》、《孫中山先生與日本友人》、《近代日本外交與中國》、《世界近代史》、《日本的國會》、《從甲午戰爭到中日戰爭》等書九十餘種。

譯者的話

『東亞政治史研究』是日本學界泰斗衛藤瀋吉先生的代表著作。此書於一九六八年由東京大學出版會出版，筆者用於翻譯的是一九七五年的第二刷版本。

本書是衛藤教授在東京工業大學和東京大學授課時的教材，內容包括中國政治上領導集團的介紹，當然談到中國國民黨和中國共產黨，譯者所翻譯五篇論文，以及附錄。附錄談些研究中共最起碼的工具書和如何作研究。

譯者覺得本書五篇論文是本書的重心，因此沒有翻譯其他的文章。在國內，絕少人研究廣州公社和海陸豐蘇維埃史，相信這兩篇論文對國內在這方面的研究，有極大的幫助。

「南京事件與日本和美國」、「遮斷京奉線問題的外交過程」與「抗戰期間日本對華和平工作史」三篇論文，是有關中日美關係的大作，對我們的學術研究提供許多新的材料。

衛藤先生於一九二三年十一月十六日，在瀋陽出生，所以被取名「瀋吉」。他畢業於東京大學法學部政治學科，曾任東京大學教養學部教授、亞細亞大學校長，現任東京大學名譽教授、東京東洋英和女學院（女子大學）校長，有『近代中國政治史研究』、『爲無告之民請命』等許多書。

本書譯文，曾經刊登於『共黨問題研究』、『東方雜誌』和『近代中國』。最後，譯者要特別感謝水牛出版社負責人彭誠晃先生幫忙出版這本學術譯作，並請各位先生女士指正。

陳鵬仁

八十九年六月十九日　於台北

目次

第一章　廣州公社史稿

前言

一九二七年十二月十一日早晨，廣州市內的共產黨組織發起暴動，暫時控制了廣州市的泰半，但於十三日便遭受到國民黨軍的反擊而崩潰，世人稱爲廣東Commune廣州公社或廣州暴動。本文的目的是擬依中共中央的方針敘述暴動的經過，惟關於這個暴動的「A. Neuberg, L'Insurrection Armée（武裝叛亂）,Paris, 1931」以及其他二、三種主要資料，目前東京似乎還沒有。當時，日本、英國、美國等國家在廣州都有領事館，應該有各種情報的紀錄才對，但英國以五十年不公開其政府檔案爲原則，所以不知道有多少關於這個事件的資料；日本有關的外交文書也大部分燒燬了，現今收藏在防衛研修所戰史室的軍令部、參考本部的檔案中，也找不到可資運用的資料；美國國務院這個時期的檔案已經移交給國家檔案館，提供研究，據說，當時駐廣州的美國領事休斯頓（Jay calvin Hauston）的檔案藏在胡佛圖書館，但筆者沒看過。因此，本文是一篇未定稿。

第一節　中共中央十一月決議

一、九・一九決議

按照一九二〇年第二次第三國際大會有關殖民地民族問題的綱領，自一九二三年一直與被其界定的資產階級政黨的中國國民黨合作的中國共產黨，從一九二六年七月國民革命軍開始北伐以來，則挺身組織群眾運動，獲得了預期以上的成果。當時，負責湖南農民運動的青年毛澤東，以充滿的信心報告：「如果把完成民主革命的功績作十分，則市民及軍事的功績只佔三分，農民在農村革命的功績要佔七分①」就是對北伐時期的農民運動而言的。第三國際因得到料想之外的成果而加強信心，乃於一九二六年十一月到十二月的第七次擴大執行委員會議認爲，無產階級亦即中共奪取革命主導權的時期已經到了。可是，於一九二七年四月十二日，在上海蔣介石實行清黨（原文爲反共政變），四月十五日，廣東留守總司令李濟琛（後來改爲李濟深）鎮壓了廣州的中共組織。七月，武漢政府也表明反共，但第三國際和中共中央仍然期待與革命的資產階級即國民黨左派合作，這從八・一南昌暴動時的宣言，和八・七緊急會議決議可以窺悉。

但經過幾次暴動失敗以後，九月十九日中共中央政治局決議終於改變如左：

「最近幾個月的經驗（南昌、西湖、廣州革命農民的暴動等），顯示與國民黨左派之合作為不可能。現今國民黨在分化墮落的過程，從其腐敗屍體中產生了軍閥專制。中國共產黨在秘密地計劃再組織革命的國民黨，與左派攜手，但今日還沒有成績。

國民黨昔日的威信，今日完全掃地，民眾將其視為反革命、白色恐怖的象徵。土地革命之急激的發展，使動搖的一切上層小資產階級脫離戰線，徹底的民權革命（廢除封建制度的土地革命），從國民黨的旗幟下拿掉了。從這一點，共產黨中央認為，八月決議的所作『國民黨左派及其旗幟下的暴動云云』這一項，應該取消。如果國民黨中產生單獨的革命的一派時，當引導其走上革命鬥爭之路，並令其斷絕與國民黨上層分子的關係②」。

即至此，中共才捨棄對國民黨左派的期待，並致力於建立自己的權力。十月上旬，八・一南昌暴動主力葉挺、賀龍的軍隊在汕頭郊外潰滅，同時四省秋收暴動也都歸於慘敗，譬如擔任湖南秋收暴動的毛澤東的軍隊，則「滿身是血，受傷，很多虱子，雜亂的長頭髮，邊照顧病人和負傷者，……赤腳在湖南北部和江西的峽谷、丘陵戰鬥，行軍而來③」。

二、十一月決議的要點

如上所述，從與全體國民黨合作，只與國民黨左派合作，完全放棄與國民黨合作，一直愈向左轉變中共的方策，至如下面所說的十一月決議，便達到極左的地步。不過筆者尚未看過此項決議的原文。因在臺灣發行的『革命文獻』第十六輯卷頭照片有其一部分，故應該沒有錯④，薛瓦茲（Benjamin Schwartz）也引用著俄文的翻譯，因此我們可以確認它的存在⑤。日譯，鈴江言一的翻譯可能最好⑥。此外，橘樸於一九二八年三月，曾發表與有關的長篇解說，值得注目⑦。

通過「關於中國之現狀與黨之任務的決議」的中共中央臨時政治局擴大會議，一般都說召開於十一月九日，唯橘樸不提及開會的日期，而指出決議文的日期爲十一月二十八日⑧。筆者不知那一個說法是正確。其要點如下：

㈠對於革命情勢的判斷，這個決議主張中國革命現在高潮期。如前面所述，一九二七年這一年，始於四月十二日的清黨，寧漢分裂，武漢政府決定反共，南昌起事失敗，秋收暴動失敗和寧漢合併，中共的勢力明顯倒退。換句話說，是在革命的退潮期。但當時，第三國際和中共中央都有太過於相信自己實力的傾向。此時，在莫斯科恰好是史大林和布哈林的聯合勢力正要整肅托洛斯基一黨，當時托洛斯基已經主張中國革命正在衰退。中共在該年八月七日的所謂八・七緊急會議，因第三國際強力指示下，剛被瞿秋白剝奪總書記地位的陳獨秀，雖被標上右翼機會主義者的醜名，仍然在主張中共退卻路線的必然，正如薛瓦茲所說⑨，就第三國際和中共而言，此時要其捨棄革命高潮論是非常困難的，要其捨棄它，完全趕走托洛斯基是先決條件。

㈡主張成立秘密組織所推薦的革命委員會，由其領導暴動，以建立蘇維埃的方式。關於建立蘇維埃，由此項決議所說「此次會議，中央完全贊成九月中所作取消國民黨再組織計畫之決議，以及蘇維埃決議⑩」看來，在九月中，可能於前述九月十九日的決議同時作了決定。

㈢將中國革命的性質界定為馬克思所說的「不斷革命」，並急轉直下超越「民權主義」的範圍，認為必然發展成為社會主義革命。這裡的所謂民權主義，應該是資產階級民主主義的意思。而鈴江所譯的「不斷革命」，似乎指馬克思、恩格斯所共同執筆，一八五〇年三月「中央委員會給共產主義者同盟之問候」中的「永久革命」（die Revolution permanenz）而言。馬克思、恩格斯以民主主義小資產階級滿足於社會的改良和福利政策的實現，卻結束革命時，世界主要國家的無產階級則欲團結起來，奪取國家權力，意圖達到社會主義的生產方式，並將其稱為永久革命。因此決議所說的「不斷革命」，就是希望超越資產階級民主主義革命，期待社會主義革命的實現。

若是，對於進展到社會主義革命和蘇維埃這個權力形態的關係，史大林作怎樣的解釋呢？該年五月二十四日第三國際第八次演說中，下列幾段說明了這一點。

勞動者蘇維埃的歷史說明：「勞工蘇維埃，所以能夠更發展，是因為資產階級民主主義革命具有直接轉變為無產階級革命的良好條件，亦即具有資產階級權力要轉變到無產階級獨裁的良好條件時，勞動者蘇維埃才能存在和發展⑪」。

「我認為，從資產階級民主主義革命到無產階級革命的過渡期，中國應該創建勞工、農民代表蘇維埃，不可能有這樣的轉變⑫」。

對於樹立蘇維埃政權的方策和革命情勢的關係，史大林於同年七月二十八日「關於時事問題的短評」中這稱說著：

「……革命的新高潮如果為事實，勞工、農民代表蘇維埃的創立，作為當前的口號，和對於資產階級政府的對立物，將上其日程。為什麼呢？因為在現今之發展階段革命新高潮的條件下，蘇維埃的創立，時機完全成熟的問題⑬」。

換句話說，史大林認為，革命高潮、建立蘇維埃政權和轉變為社會主義革命這三件事情是關係密切，互為關連的。

㈣規定沒收一切地主的土地，殲滅一切反革命分子，大企業國有和徵收資產階級的財產。在此之前的八、七緊急會議，只規定沒收大中地主的土地，但是這個決議，卻首次採用徹底的土地改革。此時也採用詳細的「土地問題黨綱草案」，以為農村革命的準則⑭。

對於反革命分子，處處使用著非常激烈的措詞。譬如「殺盡土豪」、「實行殺盡豪紳、工賊」、「毫無顧慮地殺盡豪紳反革命派」、「屠殺豪紳資產階級」等等。

㈤主張到軍閥軍隊中從事秘密工作，規定暴動勝利後依志願兵制度建設勞農革命軍。

㈥肅清黨內。與十一月決議具有密切關係的是，十一月四日的「政治綱紀決議案⑮」。其所肅清的主要分子如下：譚平山因反對急迫的農民運動，組織第三黨，妨礙屠殺豪紳，沒收財產等政策，故予以開除黨籍；張國燾自八・一南昌暴動以後，主張與張發奎合作，反對沒收一切土地，因此剝奪其臨時政治局候補委員和中央執行委員職位；黨湖南省委員會以不發動廣大農民大眾的暴動，不提出土地革命和勞農蘇維埃政權的口號，不屠殺土豪劣紳等理由遭受批判，並取消該省委彭公達和中央政治局候補委員毛澤東的職位。

三、江浙暴動

由於如上所述新決議的結果，在各地到底發生過什麼程度的暴動並不清楚。國民黨的一項資料，簡單記述無錫等各地有過小型暴動⑯，『華北論壇報』報導說，十二月中旬，少數共產黨襲擊了長沙郊外⑰。橘樸對於江蘇省委的指令農民起事和無錫的農民暴動，有非常詳細的敘述⑱。中共方面的資料，譬如瞿秋白的『中國革命與中國共產黨』等，也只簡單地提到⑲。這可能由於中共地方組織的大部分，在秋收暴動消耗了其大半的精力，無法從事大規模的活動所致。而以下所要敘述的廣州公社和海陸豐蘇維埃，可以說是它的例外。

第二節　起事的準備

一、李濟琛和張發奎的抗爭

欲以廣州爲革命據點之葉挺、賀龍軍的崩潰，是在十月上旬，以後，中共對於廣州的革命情勢仍然寄予很大的期待。中共中央於十一月會議以後，與廣東省委書記張太雷討論了幾天，尤其對廣州，奪取全省的政權，指示準備暴動⑳。

在此之前，如前面所說，因四月李濟琛的反共政變結果，廣州的勞工運動遂分裂為以機器工會為中心的黃色工會，和以具有一九二九年香港海員罷工以來之光榮傳統的海員工會為主力的紅色系統㉑。一角受到鎮壓而很閉塞的紅色組織，為呼應葉挺、賀龍軍入侵廣州而準備暴動，惟因該軍的崩潰而未付諸實行㉒。

此時，張發奎軍回來了，廣西派的李濟琛軍可以說是客軍，而汪精衛系的張發奎卻是土生土長的廣東軍人，其主力也是廣東人。北伐時曾有輝煌表現的廣東軍的回鄉，就李濟琛而言並不是一件好事，但又不能以實力予以阻止。李濟琛軍斷然反共，並參加了南京國民政府，反之，張發奎軍的態度是容共，其部下雖然有堅決反共的第十一軍的朱暉日等等，但與此同時，卻也有以第四軍參謀長兼教導團團長、秘密共產黨黨員葉劍英為首的中共秘密組織。

二、張發奎的政變

因張發奎軍的回來，廣州的群眾秘密組織開始活潑起來，十月十四日召開紅色系海員工會會員大會，十七日舉行紅色系廣州工人代表大會特別委員會，紅色系奪回省港罷工委員會的領導權，並且皆與警察激烈對立㉓。張發奎軍回來之後，與廣東省主席李濟琛的對立，廣州政治分會主任由汪精衛系的陳公博出任，張發奎和李濟琛同時參加了臨時軍事委員會，以朱暉日爲公安局長的形式妥協。因此，紅色系組織面對的是張發奎的部下朱暉日。

這時，汪精衛一夥人，爲掌握寧漢合併後的主導權，曾大事策動。所以汪派要人於十月底回到廣州，主張寧漢合併後最初的會議即國民黨第二屆四中全會在廣州舉行，但無法挽回大勢，不得不放棄在廣州召開的主張，而再度前往上海。爲著參加這個會議，李濟琛也與汪精衛同行。張發奎準備出國，乃由李濟琛給予旅費，軍隊的指揮交給其部下黃琪翔，而前往香港㉔。十一月十六日，汪精衛和李濟琛等一離開香港，即於十七日黃琪翔軍大約一萬七千人突然發動政變，一舉趕走廣西軍，掌握了廣州市。二十日，張發奎回到了廣州。

三、成立革命軍事委員會

但這一舉動引起了南京派的反彈，而且又不能不準備被其趕走的廣西軍的反攻，張發奎軍於是陷入孤立。因此對外雖主張護黨否認容共，結果卻變成不得不要求廣州紅色系組織的援助。其眞僞暫且不問，據稱十一月十七日政變時，釋放了大陳監獄的共產黨員㉕，十二月上旬，釋放了七百名中共黨員㉖。

大約這個時候，停止一九二五年以來因香港廣州罷工失業勞工的生活援助成爲問題。一九二七年十一月當時，還有三萬幾千人得到政府的採助，這對廣東省政府是很大的財政負擔。所以大幅減少對罷工委員會的補助，給予工人一筆資遣費並予以解散，十一月二十六日關閉公共餐廳，二十七日開始收回宿舍。此項措施，加速惡化勞工情勢是不待煩言的㉗。

在這種情勢之下，遵從中共中央所公布十一月十八日決議的指令，十一月二十六日中共廣東省委擬定了暴動計畫㉘，其所決定目標與十一月決議完全符合，成立革命軍事委員會，以爲暴動的指導機關㉙。這個委員會的成員雖然並不清楚，但綜合各種片斷的資料，則其最高領導者爲張太雷，協助他的是葉挺、賀龍和諾伊曼（Heinz Neumann）。張太雷是江蘇人，很早就到莫斯科，依其指令，創立中國共產主義青年團，曾到日本爲第三國際做聯絡工作，一九二四年，蔣介石訪問蘇聯時也同行。葉挺原爲張發奎部下，後來叛變，領導南昌暴動，其軍隊崩潰後逃到香港，抵達廣州不久。關於葉劍英，前面已經提到。諾伊曼是德國人，八・七緊急會議前以第三國際代表來到中國，後來被史大林處死刑。

四、是否史大林的強制？

許多人說，因爲史大林的要求才發動了這個暴動㉚。此時正要召開第十五次俄國共產黨大會，準備開除托洛斯基的黨籍，史大林當然欲以事實來證明他所主張中國還在革命高潮時，以完全戰勝托洛斯基一派。

若然，是不是違反中共的意思予以強制的，還是中共的領導者懼怕被批判㉛，而不得不服從呢？

當時，中共中央是所謂瞿秋白路線，八・七會議時，因第三國際的指示，改組以後一直領導暴動政策，同時剛剛作出十一月決議沒多久。瞿秋白本身，在廣州公社失敗之後所撰寫，發表於次（一九二八）年一月共黨機關刊物『布爾塞維克』的「廣州暴動之意義與教訓」，還在強調此時仍然需要暴動。從這些證據來看，我們可以說，中共中央本來就沒有反對史大林之要求的理論根據和契機。而且當時的廣東情勢，在廣州東方大約二百公里的海陸豐地區，成功建立所謂海陸豐蘇維埃；在廣州市，駐紮著國民革命軍中未徹底肅清共產黨員的唯一部隊張發奎軍；同時在大都市中，紅色系工會能有相當活動的，也只有這個地方；並且祇要中共固守十一月決議的極左方策，即使是張發奎，勢將不得不放棄容共的方針，早晚必將遭受到鎭壓。因此對於廣州的中共組織，遲早要發動暴動這一點，沒有任何反對的理由，且對其暴動一定寄予很大的期待，問題在於其時間。瞿秋白曾委婉地指出中共黨員之中，有批評這個暴動爲「過早行動」的機會主義者㉜。他說：「這種機會主義者，在廣東省黨組織中沒有，黨中央委員裡頭也沒有㉝」。

但相反地，從暴動時武裝的脆弱，訓練的不足，與海陸豐蘇維埃地區聯絡之不夠等等來判斷，正由於廣東省的黨組織和黨中央之中有暴動時期還不成熟的主張，所以才有這種說法㉞。如果黨中央或廣東省委眞的有這種主張，爲要使暴動在俄共大會成爲清算托洛斯基的有力武器，史大林之強硬要求早日採取行動，是有其可能的。所以，諾伊曼以史大林代言人，為提早實行廣州公社有所出力自有可能，但至於他來廣州以後是不是暴動的眞正領導者，那就不得而知了。或許不會說中國話和不熟悉廣州情況的諾伊曼，很可能只是一個監視的立場而已。

總之，廣東省的中共組織，暗中搜集情報，開始武裝和訓練群眾㉟。但不管怎麼樣守密，中共黨機關的這種行動，必將影響群眾組織。於是引起廣州的騷然情況，廣州赤化的謠言隨之拉大㊱。

第三節　叛變

一、汪精衛的電訓

廣州的這種情勢，必定給統治者很大的不安。在上海的汪精衛於十二月九日，對陳公博、張發奎和朱暉日分別打電報，與抨擊黃琪翔之容共態度的同時，促其鎮壓共產黨員，若蘇聯領事保護中央黨員時，要其趕走蘇聯領事。十日，第二屆四中全會預備會議決定，同稱以汪精衛的名義發出電報，指令搜索蘇聯領事館和黃琪翔的退職㊲。

當時，為著迎擊廣西軍，張發奎軍的主力離開了廣州，故廣州的軍隊不多。張發奎於是立刻下令黃琪翔，率領軍隊回到廣州。十日上午，黃一個人先行回來，他的軍隊行軍幾個小時以後就可以到達廣州㊳。在韶關的張發奎則打電話給葉劍英，探詢教導團的情況㊴。於是將預定十二月十三日起事趕緊提早爲十一日㊵。

二、暴動兵力

根據艾薩克斯所引述陳紹禹的推斷，起事當初，公社的武力爲「手槍、自動手槍三十支以下，手榴彈二百以下，工人所擁有的步槍五十支以下，士兵擁有的步槍一千六百支以下㊶」，總共只有三、四千人而已。

其主力爲教導團，主要成員係由前武漢軍事政治學校和農民運動講習所學生改編的㊷，紅色傾向非常強。因此張發奎對它也不信賴，而一再沒收其武器㊸，其主力離開廣州往西時，爲維持治安，只許教導團武裝㊹。

三、十二月十一日

十一日凌晨開始的暴動暫時獲得成功，除張登奎的司令部等幾個地方外，廣州市的大部分落入他們的手裡。根據暴動前所決定的名單，正式發表成立以蘇兆徵爲主席的蘇維埃政府，並提出許多口號，開始群眾的組織和文宣活動。

政府主席兼人民（行政）委員會委員長	蘇兆徵
人民海陸軍委員	張太雷
人民外交委員兼人民內務委員	黃　平
人民經濟委員	何　來
人民勞工委員	周文雍

人民司法委員　陳　郁
人民土地委員　彭　湃
人民肅反委員　楊　殷
秘書長　惲代英
工農紅軍總司令　葉　挺
工農紅軍副總司令　葉劍英
工農紅軍總參謀長　徐光英㊺

此時主席蘇兆徵並不在廣州，故由張太雷代理。蘇兆徵為海員工會的老領導者，為廣州人所信賴。此時，據說為編制農民軍，他去了東江地方㊻。由於海陸豐地區也屬於東江地方，所以或許到了海陸豐，但沒有確實的證據。彭湃因集海陸豐蘇維埃的權力於一身，故當然也不在廣州。

關於群眾組織並沒有多大的成功，艾薩克斯和石川忠雄都曾有所指出㊼，當時負責工人和農民的武裝，同時也是『阿里郎之歌』的著者說，秩序恢復以後大部分工人便回了家，預定六千武裝工人的，結果只動員了兩千人而已㊽。

不僅市內還有幾個地方沒拿到手，周邊且完全被國民黨軍包圍。珠江有江大、寶璧二艘砲艦，南岸河南有李福林軍七個團，北郊有薛岳軍在追擊。張發奎和黃琪翔逃往砲艦㊾，一時行方不明的朱暉日也無恙㊿。

第四節　崩潰

一、十二日和十三日

十二日，好不容易防止了李福林軍的反擊，但十三日早上薛岳軍開始攻擊，從南方，受到二砲艦砲擊的掩護，李福林軍渡河成功。此時，右翼工會機器工會大約一千人曾武裝協助(51)。

反之，公社方面，除教導團外，幾乎沒有什麼軍事知識，許多勞工在起事之後才開始練習射擊，據說所獲得的機槍只有一部分能使用，野砲二十五門之中，祇有四、五門可以使用(52)。不特此，十二日張太雷戰死之後，公社失去了有力的領導階層。

『阿里郎之歌』的作者於十三日黃昏「六時稍前」，得到葉挺在公安局建築物裡頭的司令部換成便衣的報告，這時司令部只有惲代英一個人，諾伊曼等領導者都已經離開了(53)。可是，公安局卻於十三日下午被薛岳軍佔領(54)。可見，這是作者記憶的錯誤，而且，他在廣州市內時，並沒有開始砲艦射擊的跡象，即使砲艦的大砲很小，如果在廣州市內也不可能聽不到大砲的砲聲。因此，『阿里郎之歌』的作者，砲艦開始射擊時，即十三日上午應該已經離開了廣州。所以我認爲，這個作者很可能把十二日發生的事情當作發生於十三日，故他說十二日已經戰死的張太雷，於十三日告訴他「不要想失敗的事，應該只想勝利(55)」。若是，如果除日期以外他的記憶是正確的話，十二日黃昏，主要的領導者都已經逃亡了。葉挺說，諾伊曼率先逃跑㊻；戰鬥主力的教導團也於十二日晚上撤離了廣州。所以在十三日的戰鬥，公社陣容馬上崩潰是很自然的事。主要的領導者，似乎都逃往香港。教導團集結於花縣進入海陸豐蘇維埃地區㊼。武漢的工人，幾乎沒人離開廣州㊽。

二、白色恐怖

此後，國民黨方面的軍警及以機器工會爲首的民間人士，展開了幾天激烈的白色恐怖。中共說被殺七、八千人，艾薩克斯稱算得出來的死者爲五千七百人㊾。用於白色恐怖的殘酷情形，東京朝日新聞有相當的描寫㊿。

若然，公社方面的恐怖是如何呢？他們所喊出口號之中，遵照十一月決議，而有「殺一切墮落幹部間諜、國民黨派遣的工會改組委員」、「殺土豪、鄉紳、地主」、「槍斃一切白色恐怖殺手」。瞿秋白說，對於這些人曾貼出應該即行處死的布告(61)。但根據『阿里郎之歌』的作者的說法，十一日早上，對工人命令說，老百姓一個都不能殺，逮捕反動分子，把他們帶來付諸審判就行。他說，在公社期間，被公社殺死的不到一百人(62)。這個作者對於海陸豐蘇維埃既然很坦率地敘述著其很厲害地予以處死刑的情形，對廣州應該不會故意歪曲事實才對。除國民黨的資料外，一般都說，包括因戰鬥而死者，犧牲者大約爲六千人(63)。所以那一方面的恐怖比較厲害，自很容易判斷。而予白色恐怖口實，使其更加殘酷的是，參加公社的絕大部工人躲在市內的緣故。因此國民黨軍之全面搜查市內，遂成爲他們的使命，從而昇高爲報復行爲，因而發生殘酷行爲，變成不分皂白的集體處刑。

三、蘇聯領事

此時蘇聯領事館遭到搜索，並以煽動暴動，副領事哈西斯（Abram Isaakovich Hassis）及幾個蘇聯人被處死刑。南京國民政府遂以它爲理由，與蘇聯斷絕邦交。汪精衛系的湯良禮稱，於十一月七日革命紀念日，蘇聯領事發了「打倒國民黨」的傳單，因共產黨員以蘇聯領事館爲根據地，故不能予以逮捕，同時利用外交特權，搬進武器[64]。關於這三點，或許是事實，到目前爲止，並沒有能予以否定的積極性資料。不過關於第三點，因此時曾有五萬支步槍和三百個蘇聯官兵將運到廣州的風聲[65]，故也許是一種謠言。而從公社的武裝情況來判斷，即使有蘇聯領事的武器援助，其規模也不可能很大。對於暴動，至今我沒有發現蘇聯領事館曾予以指導的跡象。所以我認爲，暴動應該是中共革命軍事委員會指導的。

四、列強的干涉？

相反地，也有人說帝國主義列強曾經援助了國民黨軍（包括砲艦射擊、陸戰隊登陸、運輸國民黨軍等）。具體的說，當時，日本軍艦宇治（艦長爲南雲忠一中佐）、美國軍艦沙加緬度（Sacramento）和英國軍艦莫阿桓（Moorehen）停靠在珠江。

宇治爲收容避難日僑，曾令其陸戰隊登隊，日僑所經營的博愛醫院發生火災，前往從事救助時，被共軍射擊而以機槍應戰⑯，日僑皆無恙⑰。

爲使東山地區的外國人撤退到沙面租界而積極行動，莫阿恒也曾予以援助⑱。可能在往還東山與沙面之間時，曾與陸上的共軍以輕火器互相射擊過，但沒有砲擊過的證據。不過，英國和美國的民間輪船被李福林軍雇用於渡河作戰是很可能的，但至今尚未發現確實的證據。

五、叛變成功以後的計畫

其次，公社的領導階層，對於公社的將來具有怎樣的展望和計畫？暫時起事成功之後，要以何種方法來鞏固其權力，究竟有沒有具體的作戰計畫，或撤退到農村後如何轉爲游擊戰等等，所有資料皆無令人滿意的答覆。

譬如與海陸豐之友軍的聯絡，起事前，海陸豐曾匯二萬元購買武器支援款到廣州⑲，其聯絡似乎還算順利。惟因突然提早起事後，雖然強調新蘇維埃政府的重要任務是打通與海陸豐的聯絡，但沒作這樣的努力⑳。

瞿秋白雖說是「計畫的退卻㉑」，但退卻時主要領導者卻都沒有與主力同其行動，而前述葉挺、賀龍軍在汕頭郊外消滅時也是一樣。與戰敗軍同行動的，只有前往自己根據地海陸豐地區的彭湃和率領別軍的朱德、葉挺、賀龍、周恩來、李立三、惲代英等都棄軍而去。而在廣州，他們也這樣作。他們祇想到暫時起事的成功，沒有考慮到萬一需要撤退時的責任和措施。另一方面，那麼輕而易舉地捨棄好不容易武裝的二千多勞動者，也是令人費解。

他們可能認為，只要起事一成功，群眾組織必定相繼發起暴動，革命運動將隨之展開，在政治上和軍事上，對於革命的困難毫無認識。

六、第三國際與毛澤東的批判

付出極大的犧牲，廣州公社終歸於失敗，廣州地區的共產黨組織完全消滅。以下我們介紹第三國際與毛澤東的批判，以作為本文的結語。暴動直前的十二月三日，對中國革命寄予很大期待的史大林演講說：

「只有瞎子和膽小鬼，才懷疑中國的勞工和農民正在向新的革命高潮前進著㉜」。

但到一九二八年二月，史大林的態度完全變了。

一九二八年二月所召開第三國際第九屆大會，通過了史大林、布哈林、李立三、向忠發四個人共同提案的「關於中國問題的決議㉝」，與十一月決議對照，其要點如下：

㈠革命運動已經過了第一波。

㈡必須對玩弄無準備無組織之行動和革命的暴動主義展開鬥爭。

㈢永久革命是錯誤的，現今的中國革命是資產階級民主主義革命的階段。（雖然如此，他們一直不放棄蘇維埃這個名稱。這等於說，史大林未作任何說明，就捨棄了前一年他明確主張的革命高潮、建立蘇維埃政權、進入社會主義革命這三者的緊密的相互關係。是不是爲了避免用語上的混亂，今日的中華人民共和國，不用蘇維埃政權，而使用工農民主政權）。

㈣廣州公社的起事雖然不能說是錯誤，但起事的領導（如哈恩茲・諾依曼）卻有錯誤。譬如對勞工農民的準備工作不夠充分，對敵軍隊破壞工作的不徹底，錯誤評估黃色工會，罷工的不徹底等等。

對於以上十一月決議和廣州公社的批判，由於一九二八年夏天在莫斯科召開的中共六全大會幾乎全盤接受，因此總書記瞿秋白下臺負責，由向忠發接任。

毛澤東在一九四五年的「關於若干歷史問題的決議」，對陳獨秀等作了以下的批判。

「這時的盲動主義者認爲，中國革命的性質是所謂『不斷革命』（混淆民主革命和社會革命），中國革命的形勢是所謂『不斷高漲』（否認一九二七年革命的失敗），因而他們仍然不但不去組織有秩序的退卻，反而不顧敵人的強大和革命失敗後的群衆情況，命令少數黨員和少數群衆在全國組織毫無勝利希望的地方起義⑭」，這可以說是簡單但很得要領的批判。

註釋：

① 收於中國研究所編譯『中國解放地區土地改革關係資料縣』（農林省農地部執務參

考資料，一九四九年）的毛澤東「湖南農民運動報告」，六五頁。中共於一九四九年把重點從農村移到都市以後的版本，便把這一部分刪除。這是一九五三年坂野正高氏告訴我的。

② 鈴江言一『中國解放鬥爭史』，石崎書店，一九五三年，二四九頁。

③ Agnes Smedley, China's Red Army Marches, 1934, P.69.日譯本，櫻井四郎『死の谷を行く』，ハト書房，一九五二年，七八頁。

④ 中國國民黨中央黨史史料編纂委員會編『革命文獻』第九輯，臺北，民國四十四年，卷首照片。

⑤ Benjamin Schwartz, Chinese Communism and the Rise of Mao, Cambridge, 1951, P.226, footnote 18.

⑥ 鈴江『中國解放鬥爭史』，二五〇至七〇頁。

⑦ 橘樸『中國革命史論』，日本評論社，一九五〇年，第四章第三節「勞農政權樹立への新方略」。

⑧ 同右，二五七頁。

⑨ Schwartz, oP. Cit, P.103.

⑩ 鈴江『中國解放鬥爭史』，二五四頁。

⑪ 日譯『史大林全集』第九卷，大月書店，一九五三年，三三一頁。

⑫同右，三三二頁。

⑬同右，三八八頁。

⑭橘前引書，二五七頁。日譯鈴江『中國解放鬥争史』，一六九至八二頁。

⑮橘前引書，二五三至五四頁；鈴江前引書；二六六至七〇頁。

⑯中國國民黨中央委員會編『中國共産黨之透視』，小野寺機關譯『國共抗争史資料』，一九三九年，鋼版，一四〇頁。

⑰North China Herald, 17 December, 1927, P.476.

⑱橘『中國革命史論』，二七〇頁以下。

⑲瞿秋白『中國革命與共産黨』，一九二八年，一三二至四二頁。中國問題研究會議『中國大革命史』，プロレタリア科學研究所，一九三三年，一四五頁以下。

⑳瞿秋白前引書，一三八、一四四頁。日譯本，一四二、一四八頁。這可能是指後面所述十一月二十六日的暴動計畫而言。

㉑人民出版社，『第一次國內革命戰争時期的工人運動』，北京，一九五四年，五三四頁以下。

㉒瞿秋白「廣州暴動之意義與教訓」（收於瞿秋白前引書），二四〇頁。日譯本，藤枝丈夫譯『廣州暴動の意義と教訓』，プロレタリア科學研究所，一九三〇年，六頁。

㉓中國勞工運動史編纂委員會『中國勞工運動史』第二冊，臺北，民國四十八年，七二二至二七頁。

㉔North China Herald, 10 December, 1927, P.440.

㉕廣州市社編『廣州事變與上海會議』，民國十七年，五二頁。

㉖桑島主計、好富正臣『中南支地方共產黨及ビ共產匪行動狀況ニ關スル調查報告書』，外務省調書，一九三〇年一五〇頁。

㉗前引『中國勞工運動史』，七三〇頁以下。

㉘瞿秋白『廣州暴動之意義與教訓』，二四六頁，日譯本，一〇頁。

㉙同右，二五〇頁，日譯本，一一頁。

㉚cf. Harold Issacs, The Tragedy of the Chinese Revolution, rev. ed., Stanford, 1951, P.282n.

㉛Robert North, Moscow and Chinese Communists, Stanford, 1953, P.117.

㉜瞿秋白『廣州暴動之意義與教訓』，二四七頁；日譯本，一〇頁。

㉝同右。

㉞雖然不確實，也有張太雷以沒有準備好為理由而反對的說法。李昂『紅色舞臺』，勝利出版社，香港，民國三十年，四三頁。

㉟這個秘密軍事訓練指導者之一是徐向前（Nym Wales, Red Dust, Stanford,1952,

P.150.)

㊱ North China Herald, 10 December, 1927, PP.440,445.

㊲『革命文獻』，第十七輯，一六六至六七頁。

㊳ H. Issacs, oP. City P.285.

㊴ 朱道南『回憶廣州起義』，上海，一九五九年，四六頁。

㊵ H. Issacs, oP. City P.285.此外，還有人說預定於十五日、十六日、十七日、十八日起義的說法。

㊶ H. Issacs, oP. City P.283.

㊷ 蔣中正『蘇俄在中國』，臺北，民國四十五年，五四頁。

㊸ Nym Wales, oP. City P.144.

㊹ Do. 朱道南『回憶廣州起義』，七頁。

㊺ 參考桑島、好富前引書，五二至五三頁，及前引『國共抗爭史資料』，一三四至三五頁等作成。

㊻ Kim San & Nym Wales, Song of Ariran, New York, 1941, 日譯本安藤次郎譯『アリランの唄』，朝日書房，一九五三年，一七七頁。

㊼ Issacs, oP. City PP.287～88.石川忠雄『中國共產黨史研究』，慶應書房，一九五九年，一二四至二五頁。

㊽前引『アリランの唄』，日譯本，一七九至八〇頁。
㊾North China Herald, 17 December, 1927, P.473.
㊿前引『廣州事變與上海會議』，上編，一三二頁。
(51)前引『廣州事變與上海會議』，上編，一三二至三三頁；前引『中國勞工運動史』，七五三頁。
(52)前引『廣州暴動之意義與教訓』，三六七頁，日譯本，一九頁。
(53)前引『アリランの唄』，一八五至八六頁。
(54)前引『廣州事變與上海會議』，上編，三一二頁；前引『中國勞工運動史』，七五三頁；Issacs, oP. City P.290.
(55)前引『アリランの唄』，一八五頁。
(56)Issacs, oP. City P.291.
(57)國民革命軍第十六師政治訓練處編『海陸豐平共記』，民國十七年，八七頁。
(58)Nym wales, oP. City P.150.
(59)Issacs, oP. City P.291.
(60)東京肩日新聞，一九二七年十二月二十日。
(61)前引『廣州暴動之意義與教訓』，二四九、二六一、二六二、二六五頁。日譯本，一一、一一六—一一八頁。

(62)『アリランの唄』，一八〇頁。

(63) China Weekly Review December 31, 1927.

(64) T'ang Leang-li, Suppressing Communist-Banditry in China, Shanghai, 1934, P.37.

(65) North China Herald, 10 December, 1927, P.445.

(66) 東京朝日新聞，一九二七年十二月十四日。

(67) 桑島、好富前引書，五三頁。

(68) North China Herald, 17 December, 1927, PP.473-74; Foreign Relations of the United States, 1927, vol. Ⅱ, P.314.

(69) 前引『廣州暴動之意義與教訓』，二四四頁；日譯本，九頁。

(70) 同右，二六八頁；日譯本，一五、二〇頁。

(71) 同右，二七一頁；日譯本，二一頁。

(72) 前引『史大林全集』，第十卷，三〇三頁。

(73) 高山洋吉譯『武漢時代と支那共產黨』，白揚社—一九二九年，三〇一至一二頁有全文。

(74)『毛澤東選集』第三卷，北京，一九五三年，九六〇頁；日譯本『毛澤東選集』第六卷，三一書房，八七至八八頁。（譯自衛藤瀋吉著『東アジア政治史研究』）

第二章　海陸豐蘇維埃史

前言

中國近代的農民運動始於廣東，廣東的農民運動起於海豐。從一九二七年十一月以後幾個月，存在於海豐縣和陸豐縣一帶的共產黨政權，通稱爲「陸海豐蘇維埃」。本文擬以與中共中央的互動回顧陸海豐蘇維埃興亡的經過。

第一節　一九二四年以前的海陸豐地方

一、陳炯明攻陷廣州

一九二〇年八月，陳炯明進入廣州，自任廣東省長兼粵軍總司令，廣東省東部和中部大體上在他統治之下。他是海豐縣人，出生於一八七五年。做爲革命黨員，他於一九一〇年與黃興等襲擊廣州的總督衙門失敗亡命；辛亥革命時，與胡漢民舉兵於惠州，進攻廣州，在胡漢民之下出任副都督。一九一二年升任都督，二次革命失敗後，被北洋系的龍濟光打垮，再次亡命。三次革命時，協助雲南、廣西的討袁軍，把龍濟光趕走，以援閩粵軍總司令進駐福建省漳州，背後的廣州則入陸榮廷等廣西派勢力之下。一九二〇年，以「粵人治粵」作號召逐走廣西派，得於回到廣州①。

二、陳炯明統治下的海豐

革命黨員陳炯明，遠比龍濟光經營賭場、鴉片窟以集軍費革新得很多。但他並不否定既成的社會體制，而且以此作為支持其政治權力的基礎。

因此，在海豐，與清朝時代一樣，以家族、宗族的習慣和倫理，以及以其虛擬之田主佃農間的習慣和倫理為支柱的傳統和威信的統治，依舊如故。所以為維持既成秩序的武力，只有縣城的警察三十多人，游擊隊三十多人就夠了②。當然，告急時所使用的是軍隊，故政治權力者與地主是「相依為命」（地主繳稅，權力者維持秩序）的。在海豐，一九二二年當時，縣城南方大約三十公里的汕尾港，駐有鍾景棠的部隊四百多人③。

此外，大地主也會私下僱用壯丁，私設有若押佃所以物理強制力量徵收佃租④，但這不是為了維持一般秩序，而是為了徵收佃租的具體目的；這不表示有佃農反抗（破壞體制）的危險性，而是意味著以小規模的物理強制力亦能予以控制的反抗程度脆弱，乃至被統治者對體制的消極同意。反過來說，受統治者僱用的走狗之所以敢隨意毆打甚至私刑，說明被統治者之抵抗的不成熟。

即結合這些佃農的紐帶，不是橫地團結來對抗地主，而是縱地團結同姓宗族、客家、土地之別，紅旗、黑旗之別⑤，他們之間的械鬥，常常緩和了體制上佃農的欲求不滿。

破壞體制之很大原動力的人口壓力，因移居海外的自由而緩和⑥，單位勞力的收益率之低，依動員家族內的勞力相當程度地能補充。這一帶的農民女子，幾十年以前就不纏足，而在外區工作⑦。

因此在陳炯明統治下的海豐，舊社會體制似堅如磐石，但以上所說，如果加上一定的條件，爲某種契機所觸發，勢將變成破壞體制的條件。

換句話說，具體的武力薄弱時，將無法迅速果斷控制群眾運動。地主以物理強制力剝削佃農，將成爲佃農的政治能量爆發的最大原因。移居海外的自由，從海外引進了新的政治意識，所以將削弱傳統的統治和威信之統治的心理支柱。廢止女子纏足是清末以來農民貧困化（不動員女子勞力不能生存）的一個旁證，同時不管廢止纏足的理由是什麼，它是從傳統統治走向解放的第一步。

不特此，在當時的海豐（以下所說的不只是海豐、華南，恐怕大部分也適用於整個中國），變換體制的其他幾個條件也逐漸在成熟。

其中如許多人所指出，因軍閥混戰所造成農地的荒廢和賦課累增導致農民一般的貧困化，尤其是自耕農之淪落爲佃農。其結果，正如彭湃所說：

「二十年前有十戶自耕農的鄉村，最近只有二、三戶。二十年前村裡有許多貢生、秀才、讀書人、穿鞋子的文人，但現在不但沒有讀書人了，連穿鞋子的人也完全絕跡」⑧。

而佃農只靠農作物的收穫是不能生活的。不是貧困本身，過去享受過比較高的物質生活，「淪落」爲更貧困時，會對體制覺得更加不滿。

其次，軍閥激烈的輪替和混戰，在全中國可能造成相當程度的流動，特別是海豐是陳炯明的故鄉，因此簇出發跡的軍人和爆發官僚，出現「司令多如狗，縣長滿街走⑨」的怪現象。這種階層的流動，一定促進了既成的威信和傳統的崩潰。同時以陳炯明的親戚爲首的爆發戶購買土地，成爲新興地主，不守舊地主傳統，大膽地以物理強制力剝削，使佃農怨恨地主的橫暴，價值基準爲之更加動搖。

第三，陳炯明雖然在某種程度上實行了各種制度的革新，尤其是致力正教育。本來，海豐是一個蕭條的僻陬縣城，其一九一一年左右的情形如下：

「此地爲小村落的交易所也是縣城，與陸豐一樣出產花生、甘蔗、米等。人口大約七、八千，但俗三萬。戶數不超過一千，最熱鬧的地方爲東門街，長約四、五百公尺，也是石道。作爲中國人的馬路，算是乾淨。但營業的店鋪不多，大部分似爲農民」⑩。

這樣小的城就有海豐中豐、陸安師範學校，蠶桑學校、工讀學校，和幾所縣立高等小學⑪，所以不管學校多小，學生多爲地主富商子弟，八股老師般舊態依然的教育內容，當會成爲改變體制所需菌株的培養基。時值五四運動正在開始，對中國知識分子而言，這是Slurm und Drang的時代。在這邊鄙的地方，也有人看『新青年』、『新潮』和『創造』等刊物⑫。因此一部分知識分子的忠誠，便由對舊社會體制到「理想的」社會體制的忠誠。

三、陳烱明退出廣州

由陳烱明迎接前來廣州的孫中山，於一九二一年五月就任國民政府非常大總統；出任廣東省長的陳烱明進攻廣西，威力頗盛。

一九二二年二月，孫中山在桂林大本營發表北伐宣言。四月，老早主張聯省自治、反對北伐的陳烱明，躊躇於強大的吳佩孚軍決戰，終於被一心一意要北伐的孫中山免去省長職務，而退到惠州。

六月，北伐軍進入江西時，不滿孫氏之處置而與吳佩孚內通的陳烱明，遂在廣州起來政變，把孫中山趕走上海。

一九二二年十二月，雲南軍楊希閔、廣西軍沈鴻英、劉震寰等擁護孫中山打陳烱明，陳戰敗逃至東江。翌年孫氏進入廣州，而與盤踞東江地區的陳烱明二分廣東省，互相對抗。從此以後，陳一直想拿回廣州，但都未能如願以償。

大局如上所述，以進攻廣西的一九二一年夏天爲顚峰，以後陳烱明的威勢便江河日下，但惠州以東的所謂東江地區，陳的地盤還是相當穩固，一直維持到一九二五年被革命軍趕走爲止。

四、革新的知識分子集團

在這裡，與近代農民運動發展的一般原則一樣，也先有革新的知識分子集團的活動。而在這些反抗集團中最大的領導者（Counter-elite）是彭湃。

一八九六年十月二十二日，彭湃出生於海豐縣城東郊橋東社，初名漢育，肄業中學時自改為湃⑬。

其父親叫做彭壽殷，為大地主，每年佃租一千多石，在其支配下的農民，男女老幼達一千五百人以上。其家族三十人以下，所以彭湃說，他家平均每一人有五十個農民做奴隸⑭。蓋廣東的一石，大致相當於日本的七．七一五斗⑮，因此彭家是每年有四斗裝米大約一千四百袋佃租的地主。

一九一二年，彭湃與蔡素屏結婚。據說他令其太太不再纏足，並不怕民眾的驚愕，牽著太太手在街上走。彭湃年輕時，就已具有反風俗的作風（蔡素屏後來生產三子後一個多月，被國軍逮捕處死刑⑯）。

一九一八年九月三十日，彭湃進早稻田大學專門部政治經濟學科，一九二一年七月十日畢業⑰。他在留日期間成為社會主義者。日本外務省的報告書說：

「……留學於本國早稻田大學的彭湃，來日後不久就參加當時社會主義者集團，曉民共產黨之母體的建設者同盟，與高津正道等交往，當時已成為淀橋警察署之要注意的人物」⑱。

當時，早稻田大學的左翼學生運動，於一九一九年二月十一日，由民人同盟會舉行發起會正式組織。在高橋清吾、北澤新次郎教授，以及前輩大山郁夫的指導下參加的主要學生有：高津正道、和田巖、淺沼稻次郎、稻村隆一、三宅正一等人。日後由於思想的不一致，北澤新次郎、和田巖、淺沼稻次郎、稻村隆一、三宅正一等脫離，於該年十一月，另行組織了建設者同盟⑲。

所以建設者同盟與正津正道沒有關係。對於筆者的質問，高津正道回答說：「我記得彭湃這個名字，惟因當時有多朝鮮人和中國人的夥伴，故想不起來他是誰」（執筆本文以前，沒來得及查明建設者同盟的有關人士）。總之，這些初期早稻田系學生運動成員，早就著眼於農村，致力於研究和調查農村問題。日後這些人多成為日本農民運動的前輩，與彭湃之一心一意專事於農民運動，應該有其因果關係。

在這期間，一九一九年五月七日，「五・七國恥紀念日」時，正在舉行凡爾賽會議，來了中國有關山東問題的主張被拒絕的消息，留日中國學生便進行大規模的遊行示威。日本警察對此予以鎮壓，據學生方面的調查，被捕者二十三人，負傷者二十七人⑳。彭湃也受了傷，頭、手腳皮破血流㉑。

早稻田大學畢業後回家鄉，一九二一年九月，在海豐縣學生聯合總會的機關刊物，鄭志雲主編的『新海豐』雜誌創刊號，發表了「告同胞」一文。這是大膽地從馬克思主義立場，攻擊私有財產制度，主張必須破壞為階級統治之工具的法律、政府、國家和社會革命㉒。他回國之際，曾經在日本、上海、廣州等地買了許多日文和中譯的社會主義文獻帶回家鄉，而以當時的新知識予故鄉的青年以很大的影響。旋即組織「社會主義研究社」，鄭志雲、李勞工、彭元章、陳魁亞、陳舜儀、林道文、楊望等學生，以及與彭湃從日本一起回來的李國珍、林甦等也參加了這個組織㉓。日後他們多是彭湃的忠實同志。

五、開始農民運動

彭湃自己對於參加農民運動的時期，這樣寫著：

一九二一年五月間我為海豐教育局長，還是發著夢的想從教育入手去實現社會的革命，因召集全縣男女學生多數有錢佬的兒女，在縣城舉行「五一」勞動節，這算是海豐有史以來的第一次。參加的絕無一個工人和農民，第一高等小學的學生高舉著「赤化」二字的紅旗去遊街，實在是幼稚到了不得！海豐的紳士以為是將實行共產共妻了。

此時我們曾和陳炯明的家鄉報「陸安日報」開了一場思想的大混戰。我和李春濤同志等出了幾期「赤心週刊」，自命是工農群眾喉舌，可是背後絕無半個工農，街上的工人和農村的村民也絕不知我們做甚麼把戲。我們乃放棄「陸安日報」無謂的筆戰，而下決心到農村去做實際運動。此時在本地和我接近的朋友，都是站在反對的一邊，他們說：「農民散漫極了，不但毫無結合之可能，而且無知識，不易宣傳，徒費精神罷了。」

五月某日我即開始農民運動的進行，最初到赤山約的一個鄉村㉔。所有的文獻皆根據此文，以一九二一年為彭湃從事農民運動的開端。但侯楓卻以其為「一九二二年初秋之時節」㉕，鍾貽謀認為是「陰曆六月間（新曆七月間）」㉖。侯、鍾兩人應該都看過彭湃的著作纔對，為什麼還要否定彭湃自己所說的「五月某日」，不知這兩個人何所據而云然。

關於這個開始農民運動的時期，鍾貽謀在『海陸豐農民運動』的編輯後記說：「彭湃同志在那一年開始農民運動？對這個問題：有人說是一九二二年，有的人說是一九二三年。我編寫這部「現代革命史資料－海陸豐農民運動」，是根據彭湃同志的遺著「海豐農民運動」肯定在一九二二年。

彭湃同志親撰的「海豐農民運動」一九二四年曾在廣州的「中國農民運動講習所」講授過。一九二六年十月廣東省農民協會把它印成單冊發行。這極其珍貴的農民革命歷史資料，直保存至一九五三年，人民出版社把它編入「中國現代史資料叢刊——第一次國內革命戰爭時期的農民運動」。彭湃同志在「海豐農民運動」第二章第一節「農民運動」的開始裡面說：「一九二一年五月間我為海豐教育局長，還是發著夢的想從教育入手去實現社會的革命……」。接下去詳細地敘述怎樣號召全縣學生舉行慶祝「五一勞動節」，以致惹起一班反動派的嫉忌，被陳炯明撤職。怎樣出版「赤心周刊」和「陸安日刊」筆戰。怎樣開始農民運動。他在開始農民運動一段，明顯地指出：「五月某日我即開始農民運動的進行，最初到赤山約的一個鄉村……」。以後敘述開始農民運動的困苦、艱難、歷盡了好多挫折，才創立了一個僅有六個人的農會。到了一九二二年九月間農會的會員才增到五〇〇餘人。他在第三節「由赤山農會至海豐總農會」一開始就很高興的說：「這個時候已經是十一年（一九二二年）九月間了，加入的會員約五〇〇餘人……」如果是一九二二年五月間開始農民運動，至九月間僅僅三個多月的時間，就成立了海豐縣總農會，會員就有五〇〇餘人。這就把創建中國史前未有的有領導有組織的農會，說得太輕鬆，太容易了。

作爲一個歷史的編寫者，根據歷史中的人的遺著——原始資料來作根據，那是很正確的。好是，今年六月間，我發現了一冊「陸安日刊一周年紀念增刊」，末頁是「陸安大事記」裡面有這樣的記載：

民國十年（一九二一年）

八月二日一部分學生請願彭湃爲勸學所長。

（一九二二年勸學所改稱教育局）

十月一日勸學所長彭湃發出布告接任。

民國十一年（一九二二年）

五月四日慶祝勞動節學生大巡行

九日翁縣長（翁桂清）准彭教育局長辭職。

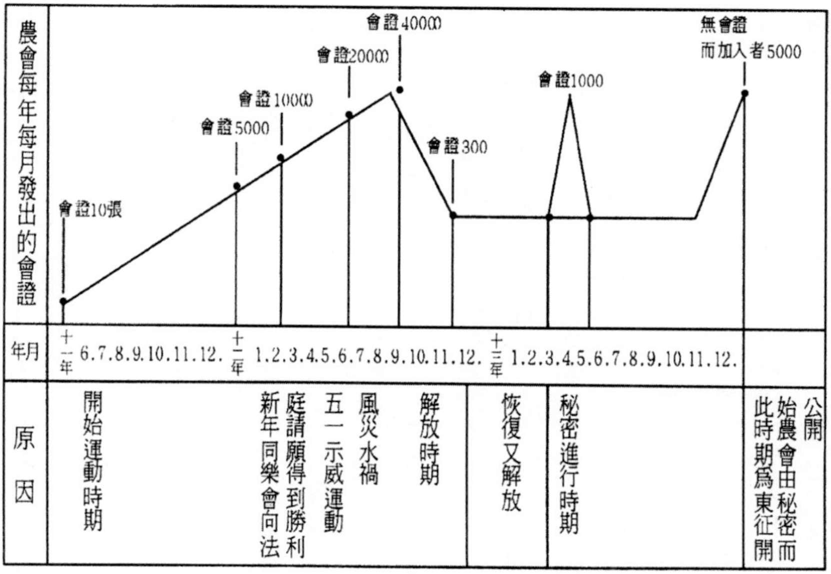

圖一

「陸安日刊」（陳炯明的家鄉報），雖然是反動刊物，但亦可作爲編寫革命歷史的旁證。如果據它的記載，那就應當說彭湃同志開始農民運動是一九二三年—因爲彭湃同志開始農民運動是在離開教育局不久的時候。但是我認爲「陸安大事記」雖然記載得很明白，連年、月、日都寫出來，還是比不上彭湃同志的「海豐農民運動」爲可靠的，而堅信彭湃同志開始農民運動是在一九二一年㉗。

可是如前面所說，早稻田大學的學籍簿不但明明記載彭湃於一九二一年七月十日畢業，而且說畢業考試時自治政策以下七科目及格。若是，畢業時以爲他還在東京纔合理。惟於一九二一年，日本大學的入學月分，由九月改爲四月，所以大學的辦事或許有些混亂，因此只憑學籍簿，還不能完全否定一九二一年的說法。

但如圖一所示，彭湃是在一九二二年五、六月左右，開始了農民運動。

從這兩項資料，假定以一九二二年是他開始農民運動的時期，以此類推，我們可以暫時推斷如下的年代記：

他於一九二一年七月底八月初回家鄉，在這途中參加了中國共產黨[28]。撰寫「告同胞」也是這個時候。

該年十月一日被任命勸學所長。欲引進屬於自己集團的青年出任教育要職[29]。

一九二二年五月一日，國際勞工節遊行（陸安大事記將其寫爲五月四日，可能與五・四遊行混爲一談的結果）。

該年該月九日辭職。

該年該月某日，首次開始參加農民運動。

此外，還有說他是一九二〇年以來就是中共黨員的資料（Peng-Pai "Memories of a Chinese Communist", P.117.之編者的前言）。

六、農會的發展

彭湃天天一個人，遊說團結農民的重要性大約半個月，他雖然這樣努力，但以單槍匹馬要推翻傳統的統治和威信談何容易，而祇得到了五個農村的青年同志。但這五個人卻成爲突破口。爾後，以團結的力量用於小小日常事件示農民以利，參加農會「後來的農民協會」的人便逐漸多起來。

一九二二年九月，赤山約農會成立大會（會員五百多人）。

一九二三年一月一日，海豐總農會成立大會。會員大約三萬人（以一家族平均五人），農會影響下的農民達十萬人㉚。

成長到這種地步的話，自然能夠動員群眾，造成很大的政治效果（能將原來在紳士階層手上的權力，譬如甘諸市、甘蔗市等許多市場實權移到農會，停止黑旗、紅旗的械鬥，農民學校之建設，農法的改良及其普及，植林，訴訟紛爭之調停，醫療救濟等等）。不過這只能引起統治階層的注目而已，其組織還無法與統治階層對決。故對農民而言，對內的最佳口號是「減租」、「廢止雜租」、「不支付警察的陋規」，對外爲盡量避免與統治階層的摩擦，鼓勵「改良農業」、「增加農民知識」和「慈善事業」。惟因當前不可能減租，所以以五年爲準備期間㉛。

雖然如此，農會既要爲貧農謀福利，當然會與地主對立。最早的地主與農會的衝突是，一個地主因欲提高佃租問題，六個農民被地主階層橫蠻拘留而起。對此，農會發動六千多人的遊行，蜂擁而至法院示威，終於使法院釋放了這六個人㉜。

因此次成功，農會聲威傳播四方，從紫金、五華、惠陽各縣有人陸續參加，海豐總農會變成惠州農民聯合會，從不到兩個月的一九二三年五月左右，遂改名爲廣東省農會。此時，已經成立縣農會的有海豐和陸豐，紫金和惠陽正在組織，沒有成立縣農會但農民有加入的惠來、普寧，一共六個縣在省農會之下㉝。

當然，在這期間，參加農會的知識份子，不止彭湃一個人。在赤山約農會成立大會演講的，有中學校長黎樾廷和高級小學校長楊嗣震；成立省農會當時的執行委員會，委員長彭湃以下十三人，其中革新集中出身的知識分子佔六人㉞。

所謂紳士與縣的行政當局，對於農會這樣異乎尋常的發展，一定感覺得非常不安。據說他們甚至欲殺彭湃的大哥㉟。惟因一方面農會曾意圖盡量避免衝突，另方面農會運動本身，以彭湃為首，如上所述雖然年輕但卻是社會地位比較高的教員和學生，因此無從摘掉這個反抗的幼芽。

這個農民運動，如果由佃農自己來主導的話，佃農的地主，在佃農孤立時，一定早已僱用壯丁毫不留情地予以鎮壓下去了。同時，雖然力量不大，握有警察力量的縣當局，在警察力量無法因應以前，也必將予以壓制下去。但對方是以大地主的兒子，留學回來的彭湃為首的教員和學生時，自不能將其關進押佃所，也不能拘留於警察局。

成立農會當時的縣長翁桂清，只默默地觀看著，下一任縣長呂鐵槎，也不敢有反對農會的言行㊱。對於下下一任縣長丘景雲，學生發起很強烈的反對運動，農會也為之響應，主張由農會幹部出任縣長。當然這是失敗了，陳炯明任命王作新為後任縣長

㊲，但在很巧妙地操作變革體制之各種條件的彭湃等領導下，在短期內就非常迅速發展的農會勢力，已經成長為不是縣城少數警力所能左右的地步。

七、七・五農潮

一九二三年夏天，颱風侵襲了海豐，農作物受到很大的損害。就其對策，農會討論了左列三案。

㈠現今農會組織尚不堅固，故實行減租決非上策。應該讓農民個別請求減租，農會只為其後盾。

㈡受到颱風損害的農民，非拼命與地主爭取不可，所以其力量已相當增強。現在地主無武裝力量，也不能利用駐屯軍。縣長王作新雖然站在地主那一邊，但其手下的游擊隊只有三、四十人。應該發動最低限度減少七成的減租運動。

㈢主張免租。

在全縣代表大會，第二案獲得過半數，以「最多繳納三成」為口號。

因此，以乘颱風災害，一舉展開減租運動時，統治者才不得不以全力來對抗。與此同時，在農會內部和彭湃的後援者之中，若干知識分子脫離了戰線。農曆七月四日（新曆八月十五日）全縣農民大會時，縣長王作新以非常的決心布告說：

「匪賊頭目彭湃意圖叛亂。各村人民勿為無謂之事以招重禍」。當日以警察扼住要路。但警察卻被農民趕走，布告被撕破。王作新大為驚愕，逐集警察、游擊隊各三十多人於縣公署，挖戰壕備戰。同時向汕頭的鍾景棠請援兵。

全縣農民大會來了兩萬多人，是一個盛會。

迨至夜晚，鍾景棠部隊進入縣城，王作新亦召集紳士，計畫鎮壓農會。翌農曆五日黎明，游擊隊、鍾景棠部隊、警察、保衛團勇等縣的全部武力，突襲農會本部，逮捕了會長楊珊以下二十五人。

當時，陳炯明被雲南、廣西軍逐出廣州，駐屯於老隆。彭湃前往去請陳炯明釋放被逮捕者，減租和恢復農會。陳炯明曾經是孫中山的同志，陳雖然肯定彭湃的運動，但卻又不能不顧故里紳士階層的利益，因而採取拖延方策。忍不住的彭湃，便奔走於汕頭、海豐、香港之間，然後又到老隆催促陳炯明。陳還是想拖，且惜彭湃之才華，因正需要人才，乃要彭參加其陣營。陳旋即爲進攻廣州而移駐汕頭，更前進惠州，彭湃則託詞留在汕頭，在這裡策畫再組織農會，設立惠潮梅農會㊳。

在汕頭時，他與女學生許玉卿戀愛，生了一個女兒㊴。許玉卿後來來到海豐，與彭湃太太蔡氏幫忙彭湃的工作㊵。據聞，彭湃被殺之後，許玉卿在汕頭附近的蘇維埃地區活動㊶。

成立惠潮梅農會的消息，在惠州的陳炯明頻頻打電報給彭湃，要其成爲陳的部下等等，皆對在海豐的王作新和鍾景棠構成心理上的壓迫。彭湃欲到惠州，路過海豐時，王作新終於釋放了拘留中的農民。

在幾個月的鬥爭中，獲得勝利的彭湃等非常高興，但不過是曇花一現而已。只是某種開明專政君主的陳炯明，不久便露出他的「馬腳」。

彭湃等正在準備於一九二四年農曆二月十三日（新曆三月十七日）慶祝農會的重建。此時剛由海豐回來的陳炯明由王作新以下紳士層得到農會的危險性，尤其是農會與共產黨和國民黨之關係的報告，而決心予以鎮壓。當時國共合作無間，其意氣大有衝天之概的國民黨臨時政府，乃為陳炯明的仇敵。

農曆二月十二日，陳炯明對地主和紳士說：「好，你們去解散農會，開始時不要使用武力」。隔日，縣長發出解散農會的命令。

陳炯明的勢威雖然有所衰退，但要對抗這個措施，農會的力量還是太脆弱了。立刻召集農民代表會議的結果，彭湃和李勞工離開此地，鄭志雲和彭漢垣等留下來，暗中維持組織㊷。

李勞工是縣下捷勝的人。爾後與彭湃一起至廣州，進黃埔軍校就讀㊸。

鄭志雲是社會主義研究社的成員；是彭湃發表「告同胞」之『新海豐』的編輯㊹。彭漢垣是彭湃的哥哥㊺。

第二節　初期中國共產黨的農民運動觀

一、相對的不關心

初期的中國共產黨，從當時的馬克思、列寧主義的理解，當然更重視都市的勞工運動，以農民運動為次要。觀其正式宣言的內容是這樣㊻，看其機關雜誌『嚮導週報』的消息也是如此。

一九二二年九月，「嚮導週報」創刊以來，關於農民問題的報導，第四十期的十一行短文「山東民眾的革命潮流」（一九二三年九月十六日）是首次；第四十一期（一九二三年九月二十三日）「江西馬家村農民抗稅運動」半頁多；以及第四十三期（同年十月十七日）十八行的「陳炯明槍刺下的海豐農民」，以後又是少之又少（上述三篇短文的作者皆署名羅章龍。羅是肄業北京大學時，參加李大釗集團的道地的中共幹部。他是勞工運動的能手，但對農民工作似無具體的成績。一九三一年，皆反對李立三路線和留學生路線，主張整備黨內，自組非常中央委員會，反對由留學生群主控的黨中央。同年二月二日，被黨中央開除，四月八日，被國民政府逮捕㊼。在這裡，羅章龍的文字多，或有特別的意義）。

二、陳獨秀的農民運動觀

譬如當時在黨中央實際掌握權力的陳獨秀便說：「農民佔全中國人口的大多數，當然是國民革命的偉大勢力。如果不能使農民參加中國國民革命，它將不得成功為一大民眾革命」㊽。即在觀念上陳獨秀雖然承認農民運動為國民革命的一環，但卻強烈反對其綱領的急進化。他於一九二七年發生國共分裂危機時，欲抑制農民運動的急進化，希望繼續與國民黨左派合作是眾所周知的事實。早在一九二三年，對於一個讀者的投書：

「中國共產黨此時橫在面前的緊要使命和工作，……我以為大規模鄉村共產主義運動，地方共產主義運動（包括農村組合運動共產主義的知識傳播等等。現在社會運動的最大弱點，就是都市式的色彩太濃—國民黨的病也在這裡——地方人才太少，有知識者沒有信民間去的決心，我們運動的範圍不大，半由如此）」陳獨秀回答說：「……先生所主張的鄉村共產主義運動，鄙見以為未免浪漫一點，這是因為共產主義運動須以工廠工人為主力軍，小農的中國，自耕農居半數以上，這種小資產階級他們私有權的觀念異常堅固，如何能做共產主義的運動。共產主義的運動如何能在自耕農居多的中國鄉村成功群眾的運動，此時鄉村裡只宜於國民運動，而且國民運動是中國目前所急緊所可能的工作，祇有國民運動能打倒軍閥，開闢我們共產運動的途徑。先生以如何？」㊾

三、陳獨秀的政治主義

陳獨秀的國民革命第一主義（暫時把它稱為政治主義），經驗七．五農潮以後，他更加堅持。在「廣東農民與湖南農民」一文，陳獨秀說：「廣東海豐農民因為天災向地主請要求減租，並不算犯了什麼天大的王法，而陳炯明的軍隊居然將農民一萬餘戶所組織的農會解散了，並捕去該會職員二十五人關在監牢內，至今有些還未釋放，這場冤案，若是孫中山的軍隊早打破了海陸豐，那是不會有的了。

現在湖南衡山農民因阻禁米穀出口以平穀價，也不算犯了什麼天大的王法，而大地主兼販米出口的商人又兼軍閥之趙屠戶，乘譚軍退後，居然調動大軍，解散此萬餘人集合之農會，並殺傷逼捕若干人，這場冤獄，若是譚軍不退出衡山，那也是不會有的了。

因此，我們應該徹底覺悟，一切工人運動農民運動學生運動，都不能離開政治運動，因爲政治上的自由，是一切運動所必需的。例如曹吳的勢力不倒，民主政治不能確定，鐵路工會和全國學生總會除廣州外何處可以存在？」㊿

換句話說，在觀念上，根據馬列主義的公式，他期待農民的革命性，但在事實上卻認爲，農民的急進化將成爲阻礙國民革命的原因。至於爲著使農民運動不會進化到成爲國民革命的阻礙原因，應該提出什麼目標，和實施怎樣的政治戰略，他並沒有積極地思考，甚至於對農民運動相當悲觀。

陳獨秀的農民運動觀既然如此，黨主流對於農民運動也不積極，因此黨員彭湃辛苦所創立的農會，面聯七・五農潮以後的危機，也未見黨曾伸出援手。

第三節　中國國民黨中央農民部

一、幹部

在中國國民黨一全大會正式開始國共合作以後沒多久，一九二四年二月，國民黨中央執行委員會決定設立農民部[51]。雖然創設了農民部，但「以前一點經驗也沒有」，故具體措施現在才開始要計畫，最初的主要職務是調查。[52]

其首任部長是林祖涵（號伯渠）。他是興中會以來的孫中山的同志，爲中共黨員。四月左右，林轉任漢口而辭職。經由彭素民、李章達（代理）、黃居素（代理），首屆一指的左派人士工人部長廖仲愷兼任。一九二五年八月，廖被暗殺以後，由陳公博繼任，林祖涵重作馮婦，武漢政府前後的部長是譚平山，部長的交替極其頻繁[53]。蔣介石說：「林祖涵任農民部長以後，推薦其共黨分子彭湃爲秘書。他自己乃辭去部長職務，以分散本黨黨員的注意。其後部長屢次更易，但部務始終由彭湃把持。」[54]

反共右派西山派的鄒魯稱：

「農民部……其秘書彭湃則共產黨員。……彭湃公然曰：『若非就我範圍，則不能居此部長職』。黃（代理部長黃居素）請免彭湃職，卒之彭職如故，而黃去，廖仲愷兼農民部長矣」[55]。

創設農民部時，彭湃應該還在海豐，並忙於農會的重建。部長和執行委員常有選擇住在其他地方者的現象，但部長林祖函在廣州，卻推薦不能處理實務的彭湃爲秘書是可能嗎？這是有疑問的。

一九二五年十月十一日，我們有羅綺園爲秘書的證據[56]。因此，彭湃爲農民部秘書的期間，當是從海豐來到廣州時（一九二四年農曆二月十四日即新曆三月十八日以後的某日），至一九二五年十月以前才合理。

又，一九二六年初農民部的職員如下㊼：

部長　陳公博

秘書　羅綺園

組織幹事　阮嘯仙

彭湃

譚植棠

組織幹事之職務爲何，不得而知，似指「本部辦事細則」第五條第三項工作而言：「組織員在外組織農民，監察特派員工作，訓練農會職員及特派員，指導農民運動之發展，實施農民部所定之種種計畫」㊽。

若是，彭湃在廣州的某期間可能以秘書身分在中央工作，爾後作爲組織幹事東奔西走，爲各地農民運動的前鋒。從一九二四年十一月到次年二月左右，有彭湃在廣寧的農民鬥爭奮鬥的資料㊾。

上述五個幹部之中，羅綺園、阮嘯仙和彭湃是中共黨員，被稱爲農運的三大龍頭㊿。這三個人之握著農民運動的主導權，不僅上述蔣介石等人的文獻，連中共的文獻也都承認(61)。

二、「農民第一步實施方案」

創立以後幾個月並沒有值得注意之活動的農民部，於一九二四年六月三十日，向中執委提出七條的「農民運動第一步實施方案」，並獲得通過62：

㈠選擇廣州市和交通比較便利政治軍事上要地作為農民運動的根據地。

㈡組織農民運動特派員二十人在各縣開始實際運動。

㈢組織農民運動講習所，以講習期間為一個月，講習結束之後選任為農民運動特派員。

㈣農民運動講習所的組織規定另定。

㈤預定本年九月為成立全省農民協會之期。

㈥編定農民歌。

㈦制定農會旗之樣式

繼而於七月公布農民協會章程63，開設農民運動講習所。關於農民自衛軍，則利用該年一月國民黨一全大會的組織大綱。由之開始活動。

三、農民運動講習所

首先，農民部致力於辦理農民運動講習所。深入農村，跟彭湃一樣歷盡艱辛，直接與農民接觸，成為組織的核心和中央黨部的紐帶者，主要的可能都是農民運動講習所的出身者。從一九二四年秋天，在國民政府勢力圈內，農民組織之所以迅速成長，應該跟這些人的活動有很大的關係。

廣東農民運動講習所一共辦了六期。第一、二期爲國民黨員而志願從事農民運動者；第三期以後都是農民協會會員或佃農的子弟。一切免費，每月還發三元零用錢和制服、靴子和文具。

第一期　從一九二四年七月三日至八月二十一日。主任是彭湃。畢業生三十三人。

第二期　從同年八月二十一日至十月三十日。學生二百二十五人（全部廣東人）。主任爲羅綺園。九月，因商團軍與政府間開始緊張時，忽然被改編爲農民自衛軍移住省署（這是農民自衛軍的起源），十月十日商團軍採取攻擊時退到黃埔軍校。發八十五支步槍，接受軍事訓練，二十八日回到廣州。中途學生減少，畢業者一百四十二人。

第三期　從一九二五年一月一日到四月三日。主任是阮嘯仙。畢業一百一十四人（全部廣東人）。

第四期　從五月一日到九月一日。主任爲譚植棠。遭到劉震寰、楊希閔之變，六月四日令學生回鄉。七月一日再開學。因學生減少，故錄取旁聽生。畢業生五十一人，旁聽二十五人（廣東六十三人、湖南十一人、廣西二人）。

第五期　從十月一日到十二月八日，主任似爲羅綺園。畢業者一百一十三人（廣東四十一人、湖南四十四人、山東七人、湖北七人、廣西六人、江西四人、安徽二人、福建二人）64。

第六期　從一九二六年五月三日至十月五日。所長是毛澤東，專任教員爲蕭楚女。講師爲汪精衛以下十五人，其中共產黨員有林祖涵、張太雷、蕭楚女、黃平、鄧中夏、高語罕、阮嘯仙、羅綺園八人。畢業生三百一十八人（廣東二人、湖南三十六人、山東二十三人、湖北二十七人、廣西四十人、江西二十二人、安徽十五人、福建十六人、直隸二十二人、河北二十九人、熱河四人、察哈爾五人、綏遠八人、陝西十六人、四川二十五人、江蘇、雲南各十人、貴州一人、奉天二人）65。

以上，可見其發展的情形。我們應該留意學生本籍之廣與農民運動擴大的關係。上述農民運動講習所領導者之中，共產黨員佔有壓倒性的比例。有人指出，農民運動講習所只讓共產黨員進去，也許是事實66。

第四節　革命軍的東征與農民運動

一、廣東政府統治下之農民組織的滲透

如在第一節前半所述變革體制的徵兆，在廣東政府統治下的省中部和北部更是明顯。年少氣銳的國民黨員掌縣政，舊紳士階層的威信江河日下。被統治階層迅速開始認識紳士階層的無力，傳統的村落統治機構已經顯而易見地在鬆懈。

在這種情況之下，農民運動講習所之具有革新氣勢的工作人員（農民運動特派

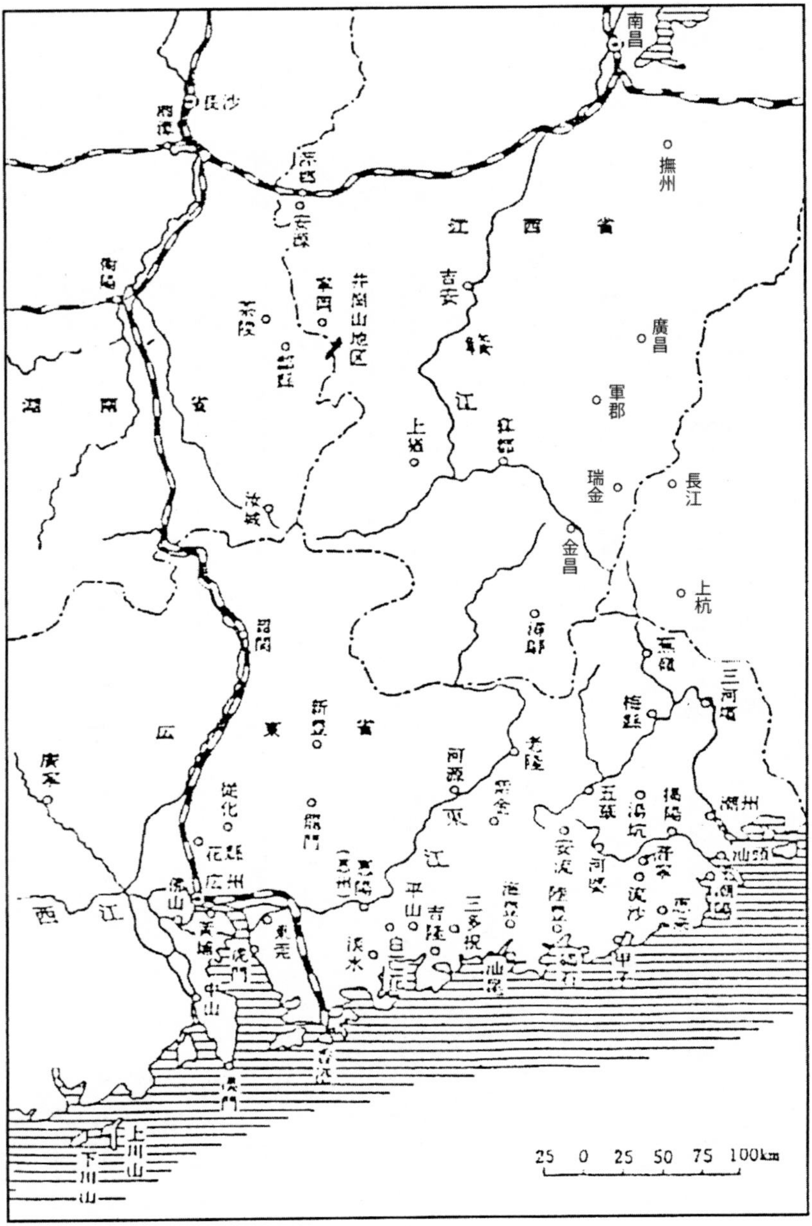

圖二　廣東、江西、湖南地方要圖

員），陸續進入了農村。農民的組織之迅速發展，是不待煩言的。不消說，即使在廣東政府統治下，紳士階層也有所反擊。它甚於演變成爲激烈的流血鬥爭，有不少工作人員因而死亡㊻。

在廣東政府統治下，與不得不盡支持紳士階層之機能的軍閥統治下根本不同。革命軍的武力，對於紳士階層具有沉默的威壓，譬如在廣寧和高要，爲農民革命軍曾經行使其軍力。㊽

情況既如上述，從一九二四年秋天左右（廣東政府抑制商團軍提高了其威信，農民運動講習所開始上軌道的時期），在廣東政府統治下的地方，因由上面的強烈指導，陸續成立農民協會，其一成立，農民組織便變成國民政府的主要支柱，而扮演互相依靠的角色。隨國民政府統治範圍的擴大，農民組織也迅速發展，東征後的東江地方就是最好的例子。

二、第一次東征

孫中山接受段祺瑞等之請求，於一九二四年十一月十二日，從廣州前往北京。留守廣東政府的代理大元帥胡漢民，沒有抑制諸領袖的威信，因而相繼發生內部糾紛。乘此機會，陳炯明於十二月自任粵軍總司令，向西進軍，意圖奪回廣州。國民革命軍將其擊退，反而於次（一九二五）年二月進入其根據地東江一帶，將陳炯明趕往香港。是爲史上的第一次東征。

開進敵地之後，隨接近海豐，革命軍受到民眾的歡迎。下面的紀錄，說明了這個過程。

「伕役缺乏實無奈何……此地人民頑固且因歷受軍隊之荼毒故對於軍隊甚仇視……官兵均守紀律對人民尤極力表示親愛之意但人民終懷畏怯不敢接近[69]。

在白芒附近。

「……居民對於本團感情甚好據云聞黨軍攻破淡水城時軍紀嚴肅當日即能將秩序恢復故知黨軍之文明云」[70]。

在吉隆圩。

「……對於黨軍之感情尤爲濃厚據云因聞黨軍克淡水城數小時能將秩序恢復人民不受害……故見黨軍之來婦孺均知歡迎云云」[71]。

的確，革命軍尤其是黃埔軍官學校教導隊的軍紀很嚴正。譬如校長蔣介石，曾再三再四訓示說：「對於愛百姓守紀律諸端尤宜格外注意否則不死敵人必死於百姓與土匪之手」。而事實上，官兵對於一士兵竊取一老婦之首飾非常憤慨，而予以槍斃，此外也有因盜取民間物品而槍斃的例子[72]。

但到梅龍圩，對於軍紀嚴正的軍隊，人民非常有好感，因而是有組織的歡迎。

「本地人民對於本軍異常歡迎沿途放鞭炮甚多」[73]。

在同樣條件下的農民，有組織和無組織的地方，竟有這樣的不同。

二月二十五日，不費一彈順利進入海豐縣城。

「梅龍海豐住民對於本軍均甚歡迎為出師以來之所未見也」⑭。

在此之前，在逃往廣州的彭湃和留在海豐的同志之間，暗中有聯絡。據說負責聯絡者，主要是在廣州和香港出身的洋車夫。海豐的同志們指揮農民，以突襲從前線潰退的敵兵。革命軍到達的前一天，縣城已經落在農民手中。農民軍還組織擔架隊、運輸隊、情報隊以協助革命軍⑮。就其情況劉秉粹在其日記說：「師行所至輸送給養通信偵探諸端受助於民得此實多農民工人且有持矛揭竿以助黨軍　者矣陳軍紀律毫無殘忍如故凡所經行騷擾不堪故一敗之後既受給養之困迫復遭人民之威嚇」⑯。

三、海豐農民運動的重建

三月九日，彭湃回到海豐。新縣長是他哥哥，同時也是同志的彭漢垣⑰，鄰縣陸豐的縣長劉琴西是五華出身的中共黨員。彭湃再度專心於農民運動。李勞工也回來了，中共黨員吳振民也參加了工作。遂召開全海豐農民代表大會，決定十天內重建各區各鄉的農民協會，「二五減租」（減少二成半的佃租），和組織農民自衛軍（負責人是李勞工）。雖然小，但已有工會（據說當時海豐主要的有三個紡織工廠、一個製紙工產和一所洋傘工廠，此外可能還有鐵匠、染房和鉛木匠等等），和中國共產黨海陸豐特別支隊⑲，支部書記是彭湃⑳。所謂「不法地主」、「土豪」、「劣紳」，一個接一個地被農民逮捕，將其帶到農民協會，並拉去遊街㉑。

四、廣東省第一次農民代表大會

農民協會的發展，不僅有地下組織的海豐如此。受到海豐農民運動的觸發，以及乘因革命軍的進攻，紳士階層開始動搖的機會㊷，農民組織在東江地區一帶擴大。掌控了廣東省之大部分的廣東政府，於一九二五年五月一日舉行了第一次廣東省農民代表大會。據稱組織遍及二十二縣，會員二十一萬人以上㊸。

「工農聯合議決案」以勞工運動第一主義，並說：

「吾人以政府的中心在都會，故鬥爭應以都市為中心，因此工人階級知道當努力領導農民，使其參加這個鬥爭」㊹。當然，日後退出都市深入農村時，中共還是繼續高唱著「工人階級的領導」。比諸後來它只是表示工人階級之利益代表機關的共產黨倡導的一種口號，這個工農聯合決議案，實遠包含實質內容的工人運動第一主義。

此外還通過了「經濟問題議決案」㊺和「農民協會今後進行方針議決案」㊻等，並發表「廣東省農民協會成立宣言」㊼，其內容，與海陸豐高昂的革命情況比較，皆相當穩和，可以說是前年一月國民黨一全大會之方針的延伸而已。如前面所說，在海豐，三月左右決定了二五減租㊽。但五月的廣州大會，卻並沒有採納這個決定，可能說明其他地方的農民協會並不那麼鞏固，中共中央的政治主義與國民黨員的利害關係，才未能作出很明顯的決議。

彭湃似未出席這次大會。主導這個大會的可能是羅綺園和阮嘯仙。

雖然沒有作成明確的決議，對中共中央而言，這種農民運動的擴展（這是陳獨秀所沒想到的），雖然可能有些耽憂其急進化將離間國共的關係，但應該是爲其所樂見的，尤其是中共黨員獨佔了農民組織的中樞，更是他們求之不得的。雖然稍微遲了一點，在「中國共產黨第四次對時局的主張」（一九二四年十一月）和「告農民書」（一九二五年十一月），已經開始呼籲農民自衛和成立農民協會⑻。

但在這稍前，海陸豐的農民運動，已向前邁進一大步，而要求減租四成，甚至要沒收土地⑼。

五、第二次東征

在這以前，海陸豐地區與「反革命」的第一線有所接觸。陸豐和紫金有大民族，不願農民運動發展，且佔有地利，收容陳炯明的殘軍，盤踞在這個地方⑼。而且其背後有陳炯明麾下的洪兆麟、林虎軍。

一九二五年三月，孫中山病逝於北京，雲南的唐繼堯以南方的統帥自居，與廣州的國民黨對立。六月，當時駐屯於廣東省內的雲南軍楊希閔，和廣西軍劉震寰通唐繼堯，說國民黨爲共產主義而起來叛亂。這個叛亂一星期左右就被鎮壓；收拾事態時爲著擴張其在國民黨中央的發言權，駐屯於汕頭和潮州地區的許崇智軍，遂趕回來廣州。此時，許崇智與陳炯明麾下的洪兆麟、林虎妥協，以消除後顧之憂。

彭湃以農民無力防止「反革命」軍的進攻，乃將組織移往山中，他自己前往廣州

[92]。從三月起兩個月因革命高漲，所以「反革命」軍的鎮壓也特別嚴酷，被處死刑者李勞工等七十多人，發動海豐農民運動以來，首次眞正受到「反革命」的強襲[93]。

相對地，革命陣營的「復仇」也非常激烈。它始於國民黨軍第二次東征，恢復東江地區之時。當時，如左派領袖，財政部長兼農民部長廖仲愷之暗殺事件（一九二五年八月）所象徵，國民黨內部左右兩派的傾軋已經很嚴重。許與智與陳炯明的部下暗中妥協的事實大白之後，反而被蔣介石逐出汕頭、潮州，逃到上海。當時五・三〇事件以後香港正在罷工，陳炯明得到英國後援，計畫討伐廣東政府。爲著使掌握香港罷工主導權的廣東政府的地位安泰，必須掃蕩陳炯明。爲了推翻陳炯明的東江根據地，蔣氏乃於一九二五年十月，踏上第二次東征之途。第二次東征，與第一次東征時一樣，農民的地下組織支援了革命軍。革命軍順利進擊，十月十四日佔領惠州，經海陸豐於十一月四日抵達汕頭，至此東江地區全部入於廣東政府治下。陳炯明逃亡香港。

六、農民運動與節欲

在甫次成爲農民之天下的海豐，於十月二十五日召開了農民代表大會。舉凡在群眾運動基層組織氣勢高漲時，抑制其要求亦即節欲原因有三。一是對抗階級的力量還強，強制其節欲時；二是對抗階級或對抗階級的附從者爲從事現今的生產所不可或缺時；三是上層組織立於一定的更廣闊視野，因戰略戰術上需要，指示節欲時。

關於第一節欲原因，在海陸豐，陳炯明軍、高級官僚、地主等對抗階級的主要分子逃亡，留在故里者也都逼塞，已經沒有強迫爲農民協會之主流的佃農的節欲。第二節欲原因，在工人運動，常常成爲經營者的經營技術和工業技術支持生產的不可或缺的要素，爲了繼續生產，有時候與這些人妥協是必要的，但在農民運動，地主階級及其走狗，幾乎不會是爲生產不可缺少的要素。在海陸豐的農民運動，第一、第二節欲原因完全不存在，只有第三節欲原因從兩個層面有所存在。

一是爲貫徹國共合作，暫時必須服從廣東政府的方針。從一九二五年當時廣東政府的氣氛來看，還不能確定二五減租，抽象地主張減租，具體地說「現在組織馬上宣言減租，其實將使反動勢力先來破壞（農民）協會……」[94]。（附帶要說的是，前面所說在彭湃的設立農會運動愼重提出減租，是因爲陳炯明統治下這個條件所使然。在廣東政府統治下，至少在理念上因爲孫中山民生主義的原則，農民協會應該可以主張減租。但在實際上，不得不委婉說才是問題的所在）。海豐農民協會，受到了這種廣東政府之方針的限制。

二是因爲周圍反動勢力仍然根深蒂固地盤踞著，加以國民黨本身也逐漸在分成左右兩派，所以需要更多的農會協會的支持者。從這樣戰術上的立場來看，在某種程序上需要抑制貧農的偏激要求，和鬥爭時異常心理的顯現。

七、農運過火

但是彭湃似有捨去第三節欲原因的跡象。十月二十五日舉行海豐農民代表大會時，在大會席上據說彭湃曾經這樣怒吼：「李勞工同志的犧牲，是我們農民兄弟的一大損失，是使到我們萬分哀悼的。但是，我們要變悲哀爲力量，堅決地毫不容情地消滅敵人，先烈們一點一滴的鮮血，都要敵人的血來清償。聽說第一次東征軍進海豐縣時，有一個農民兄弟衝至東笏社陳月波[95]的家裡，向那『糧業維持會[96]』長反動頭子陳月波打了一槍，傷著他的肚子，可惜太寬恕了，沒有把這個壞蛋砍成內醬，任他的親屬秘密地抬到田墘去醫治。又聽說在田墘，便是躲藏在惡霸陳丙丁的家裡。我們應曉得對敵人是不能講仁愛的。對敵人『仁愛』，便是對革命的殘忍。以後我們應踏著先烈血跡前進，徹底消滅我們的敵人！」[97]

蓋要讓農民勇敢地站起來，必須有組織強有力的領導。但一旦站起來以後，要令其節欲時也需要有強有力的領導。組織的領導者彭湃演講說沒有節欲的必要，因此農民的復仇也就隨之而激烈。於是農民便毫不客氣地大打紳士的耳光，口出罵詈譏謗。以極大威信過著日子的豪紳地主，皆向農民卑躬屈膝，不敢說話。

由於在這種氣氛之下，所以「二五減租」馬上付諸實施，繼而實現了四成減租。農民協會爲著顯示和擴大其力量，發行「減租證」，以減租作爲只有農民協會會員始得享受的特權[98]。迨至一九二六年，以歉收爲理由，而更實現了減少佃租額四〇%。這等於說，減少了佃租的三十六%。當然從前的隨便收回土地和雜稅，統統沒有了。本來，海豐有許多小地主，因減租生活陷困苦，爲著要自己耕種，常常欲從佃農收回土地。但這必須經過農民協會的允許，而提出這種要求的小地主，多被佃農拘禁，並被毆打。有關土地的一切權利，事實上逐漸歸於耕種農民的手裡了[99]。

縣政府變成有名無實。大部分的訴訟由農民協會的審判員處理，農民不服從從前法院的判決。廣東政府的鹽稅官吏，發現農民走私鹽時，反而被農民痛打一頓，甚至於遭到監禁。廣東政府財政部長雖屢次要求予以嚴重處罰，但縣長和製鹽廠長都不敢這樣作。

「黨員（共產黨員）很革命。殺戮土豪、劣紳、反革命分子甚多，皆多少有經驗」[100]。

旋即成立了工會、商民協會、學生會、教職員聯合會、解放婦女協會等許多組織，而其中最有力的是，一九二三年以來具有幾年鬥爭歷史的農民協會。不消說，其背後因爲有中國共產黨海陸豐地方委員會（書記爲彭湃[101]。後來由張善鳴[102]接任）。

一九二六年十二月，中共黨員爲七百人[103]，隔年三月爲四千人，組織海豐縣下農民協會八百五十多鄉村當中，據稱三百三十至三百四十個是中共黨支部所建立的[104]。當然國民黨的組織也有所伸展[105]，但彭湃以下許多共產黨員皆擁有國民黨籍，故主導權完全操控在共產黨員（當時彭湃在國民黨的地位是，廣東省黨部執行委員兼農民部長）[106]。

人們稱海豐爲小莫斯科，到處皆飄揚著紅旗。

上述情況，不禁令我們想起北伐時，爆炸性地發展的湖南農民運動。在湖南，因爲所謂「農運過火」，而受到喧囂的責難。當時在湖南的一部分，還有農民自逮所謂土豪劣紳予以處罰，一切權力歸於農民協會。決定減租五〇%[107]，有的地方甚至於進到土地公有[108]，並公開說組織「一切農民要求切實『土地國有』」[109]。雖然如此，在湖南，領導毛澤東爲什麼必須盡力辯解（那著名的「湖南農民運動視察報告」），而終於成爲武漢國民政府分裂最直接的原因？

北伐當時，湖南是掌握武漢派主要武力之第四集團軍司令唐生智，和爲其中堅的第三十五軍軍長何鍵的故鄉。因其麾下的軍官幾乎都是湖南紳士階級出身，所以其故鄉的農民運動立刻引起唐生智麾下之軍官的不滿。可是當時，海陸豐是被廣東政府視爲軍閥的陳炯明的故里，故這個地方的紳士階級幾乎與廣東政府沒有人脈。因此海豐的作風，就廣東政府而言，對於前面所說鹽稅官吏事件等有些批評外，沒有引起重大內紛的原因。

在這裡我要特別強調的是，這種農民協會之掌握政權（主導權—譯者），在香港罷工時曾經團結予以協力，可以算是它的功勞[110]。

八、海陸豐在廣東全省農民運動中所佔的地位

此時，廣東省的農民運動在量上仍然在迅速擴大（當時，不只廣東省，湖南省也在迅速發展）。

當然，在許多地方，他們與紳士階級或身爲廣東政府官警而與紳士階級勾結者展開著鬥爭(111)，但下面二項資料所示，海陸豐的所謂「過火」狀態是非常特殊的。

一項是左列的「農界死難烈士統計表」(112)。

「高要（九人）寶安（七人）順德（二十多人（花縣（十八人）五華（十六人）海豐（五十三人，男四十八人，女五人）陸豐（三十八人，男三十六人，女二人）中山（七人）東莞（四人）清遠（一人）廣州市郊外（一人）廣寧（二十人）」由此可見，中共海陸豐地區委員會管轄的地方，犧牲人數最多。這並不表示只這個地方受到特別強烈的鎮壓，如前面所述，而是此地革命的高漲，比其他縣分更激烈的旁證。

另外一項是，可能爲一九二六年左右的資料「各級農民協會及農運工作者的錯誤」(113)。該文件所列「錯誤」之中，有一項叫做「干涉行政」。

「在幾個地方，農民協會干涉行政，犯了實行逮捕人的錯誤。五華農民協會曾禁止移出來。不向農工廳提出理由和請求解決，只開一次農民大會，便通過禁止移出。而且立刻實行，並處罰違反者。新會的農會，動輒把從廣州市逃來的帶回來槍斃。南海、花縣也是一樣。海陸豐自不在話下。在清遠，他們抓人、罰款、釋放，然後再由別人控告」。

根據上述兩項資料，海陸豐是大家所公認廣東省中極爲特殊的地方，其他地方的組織一定遠比它脆弱。

因此，海陸豐快要實施沒收土地了，可是一九二六年一月國民黨二全大會（據說是由共產黨和國民黨左派所主導的），以及該年五月廣東第二次全省農民代表大會的決議，都沒有正式說要「減租」。關於田租，二全大會的決議說「要決定最高田租額及最低穀價」，廣東第二次農代大會的「廢除地主對農民苛例之決議案」⑭，只反對雜租和加租，並未提到減租。「二五減租」正式被採用爲國民黨的方針，是北伐中途，黨內左右兩派的抗爭顯著以後，左派召開黨中央、各省聯席會議（一九二六年十月）的時候⑮。

第五節　北伐與彭湃

一、參加北伐

前面說過，北伐當時，彭湃是廣東省黨部農民部長，在國民黨組織，也指導著全廣東省的農民運動⑯。同時，根據玉德的說法，在共產黨組織，「陳延年同志擔任廣東省委員會書記以後，不久，彭湃同志被選爲廣東省委員，指揮全廣東農民運動」⑰。

彭湃似與黨中央沒有關係。一九二六年三月舉行中央農民部農民運動委員會，農民部長林祖涵以下，毛澤東、阮嘯仙、羅綺園、蕭楚女以及共產黨農民運動的大人物都是委員，但沒有彭湃的名字⑱。農民運動講習所第六期生，是從一九二六年五月至十月講習的，但其講師名簿中也找不到彭湃的名字⑲。惟授課科目中有「海豐及東江之農民運動狀況」⑳，因這是彭湃最拿手的題目，故可能臨時上這個課的。

或許因爲彭湃是廣東省農民運動的負責人，所以他沒有參加自一九二六年七月開始進攻的北伐軍。幾個月以後，他率領數百農民參加了駐屯於漢口的賀龍軍㉑。賀龍軍自一九二六年秋天到一九二七年駐於漢口㉒。

二、中共五全大會

彭湃於四・一二反動之後，出席於武漢召開的中共五全大會（從四月二十七日到五月六日），當選中央執行委員㉓。

在此以前，可能對於北伐中農民運動高漲而驚喜的第三國際，在其第七次擴大中執委會議（一九二六年十一月二十二日至十二月十六日），對中國問題決定了具體的新方針㉔。從此以後，到第八次擴大中執委會議（一九二七年五月二十日到二十六日），第三國際（史大林派）對中國農民問題之方針的要求，大約爲以下三點：

㈠共產黨不可小看國民黨。
㈡大膽處理土地分配問題，以滿足農民的要求。
㈢建設蘇維埃的口號太早。

但中國革命的現實是，愈大膽接受農民的要求，則愈陷於面臨與國民黨分裂的困境。從形式邏輯的觀點來說，如何巧妙地操作會二律背反地作用的這兩個要素，從政治戰術上來看，是中國革命是否會成功的關鍵⑫⁵。

自然而然地，中國共產黨的政治戰術，便分成更重視第一要素的主張（右翼的立場），和更重視第二要素的立場（左翼的主張）。在五全大會，前者更分成兩種主張，一共有三種立場。

第一是，基於政治判斷沒收土地，只對「反革命」分子沒收其土地。

第二是，除小地主和革命軍隊的指揮官以外，大地主的土地全部沒收（以上兩種主張皆爲右翼的立場）。

第三是，地主的土地全部沒收（這是左翼的立場）。

其中，第一案是陳獨秀的主張⑫⁶。從他以往所持的政治主義，以及作爲中共總書記與武漢國民政府中樞接觸的立場來看，將判斷的焦點集中於怎樣做才能繼續國共合作，可以說是必然的趨勢。據說譚平山與他同意見⑫⁷。而主張第三案的是羅綺園、彭湃⑫⁸和毛澤東⑫⁹。他們都是農民運動的老將，從重視農民運動，以及日常接觸的主要對象是有關農民運動人士這個立場來說，他們把判斷的焦點放在第三國際所指示的農民運動，也是理所當然的。

在這稍前，召開各省農民聯席會議於武漢，毛澤東、彭湃、方志敏等參加了。此時毛澤東提案並通過建議廣泛的土地再分配的綱領草案。此項決議曾交付五全大會，但被黨中央委員會退回[130]。

五全大會通過了第二案[131]。

第三案雖然被否決，但大會之後成立了全國農民協會，毛澤東出任會長[132]，彭湃爲臨時執行委員[133]。

三、賀、葉軍的南征

一直被國民黨軍佔優勢的共產黨，終於失敗於與武漢政府的合作。第三國際在束手無策之餘，除南京、武漢兩個政府之外，爲建立第三個政府，遂令中共出於攻擊。但以賀龍、葉挺之八．一南昌暴動的首次攻擊戰術，借魯依的話，只是「失去幾個月的時期之太遲的教條式」[134]的攻擊。第三國際既不許中共建立蘇維埃，也不許它與革命的國民黨分手。南昌暴動過後，設立了網羅左的當然包括譚平山以下中共的領袖，右的張發奎（第二方面軍總指揮）、黃琪翔（第四軍隊）等只掛名的革命委員會。彭湃也被指定爲委員，其職稱是勞工委員會委員[135]。

繼這個暴動之後，因第三國際強烈的要求，爲清算陳獨秀路線及徹底新方針所召集的八．七緊急會議[136]，成爲日後被稱爲瞿秋白路線之方針的出發點。爲了掌控革命的主導權，共產黨雖然決定了暴動，但仍然不許其跳出國民黨的框框自建蘇維埃，因此爲姑息小資產階級，才把小地主從沒收土地的對象除外。

若是，彭湃究竟出席了這個會議沒有呢？以爲他出席了的資料這樣寫著：「……八月七日，中國共產黨的首腦李立三、彭湃（後來被槍斃）、譚平山、惲代英、林祖涵、張國燾、周恩來、瞿秋白等，聚首於南昌舉行了緊急會議……」⑬⑰。

另外一項資料證實：上述資料所稱出席者之中，彭湃、李立三、譚平山、惲代英⑬⑧、張國燾⑬⑨、周恩來⑭⓪等，暴動時應該在南昌。但八・七會議的召開地點，很難說是在南昌。由於從五日起賀、葉軍開始放棄南昌，所以很難想像於七日在南昌市內開會。而即使假定某地在南昌附近的賀、葉軍控制之下，還是有疑問。即如果八・七緊急會議在賀、葉軍的勢力範圍內舉行，當時武漢、南昌間的交通可能已經被「反革命」軍遮斷，通行非常困難，會議結束之後，必須冒很大的危險回到武漢。筆者實在想不出瞿秋白以下的中共中央政治局的成員，非冒這樣大的險的任何理由。筆者覺得他們跟賀、葉軍前往廣東比較自然。所以上述資料，可能將前敵委或革命委員會與八・七會議混爲一談的結果。

還有在九江召開會議的說法。㈠當時在「反革命」軍控制下的九江，突然武漢的黨首腦數人要移動的危險性；㈡要開會，外國租界最安全，但此時九江英國租界在這一年已經被收回；㈢若是，自沒有理由前往遠比漢口的外國租界不方便和危險的九江的理由。主張九江者雖然有上述三個問題，但日本外務省系統的資料，和今日中共系統的著作，很多採取這個看法⑭①。

另外還有一些資料主張漢口說(142)，在漢口外國租界偷偷舉行似乎很可能，但沒有確實的證據。總之，不管在九江或漢口，彭湃既然在南昌，自不可能出席此項會議，這大概是沒有錯的(143)。

第三國際雖然期待「正在創建新的革命據點」(144)，但被「反革命」軍軍隊包圍而動彈不得的賀、葉軍，起事後僅僅五天，便決定放棄南昌和撤退到東江一帶(145)。

但對於賀、葉軍南征的這個革命方針，彭湃可能很不滿。

即在八、七會議，據說蔡和森反對在南昌不公布沒收土地，而且還沒有完全解除敵人武裝就退卻，但沒有被中央政治局採納(146)。其結果，由譚平山所指導的革命委員會(147)，採取以㈠只沒收二百畝以上地主之土地；㈡減租收成的三成；㈢禁勞工民屠殺土豪劣紳；㈣不沒收土豪劣紳之財產爲要點的方策(148)，所以與彭湃的主張差得很遠。

賀、葉軍雖然曾經一度佔領了汕頭，但遭受到「反革命」軍的包圍和攻擊，在湯坑、流沙大敗，譚平山(149)、葉挺逃亡到香港(150)。賀龍、周恩來等在流沙舉行會議，決定武裝人員退到海陸豐，非武裝人員由農民協會會員引導，逃到海邊(151)。賀龍和周恩來暫時逃到香港(152)，殘軍八百多人由董朗和顏昌頤率領，開進海陸豐(153)。這是十月中旬的事情。

在此之前的九月，中國共產黨終於由第三國際所設「國民黨的框框」獲得解放。「共產黨中央，……同意取消八月所作的決議『與左派國民黨及在其旗幟下的暴動云云』」⑭。同時准許中共建立蘇維埃⑮。且在十一月黨中央的決議，將正式決定「一切土地的沒收」⑯。

這一連串的動態，意味著黨中央逐漸走近自一九二五年以後在海陸豐地區實施的方針。與士氣低落的賀、葉殘軍一起回到海陸豐的彭湃，心中一定有十分的成算。

第六節　海陸豐的兩次暴動

一、第一次暴動

一九二七年春天，中國共產黨廣東地區委員會（日後的省委員會⑰。海陸豐地方委員在其指揮之下），預知國共分裂的危險，因而正在計畫其對策。

在海陸豐，吳振民手下的二個中隊（大約二、三百人？⑱的農民自衛軍，同時在訓練幹部以組織更多的農民軍，更決定要將農會收入的四分之三用於武裝工作費（但這幾乎沒有實行⑲。為此，吳振民曾自行前往廣州以接受黨區委的指示⑳。

但廣州市「反革命」的鎮壓行動，很意外地比他們所預想的來得早。它比上海的鎮壓只晚三天，開始於四月十五日。因此海陸豐地委區委斷絕聯絡而陷於孤立。於是他們必須獨力與勢必將波及海陸豐的鎮壓搏鬥。為著因應這種局面，除原來公開的黨機關海陸豐地委外，另行創立東江特別委員會這個秘密機關，暗中組織農民和工人，

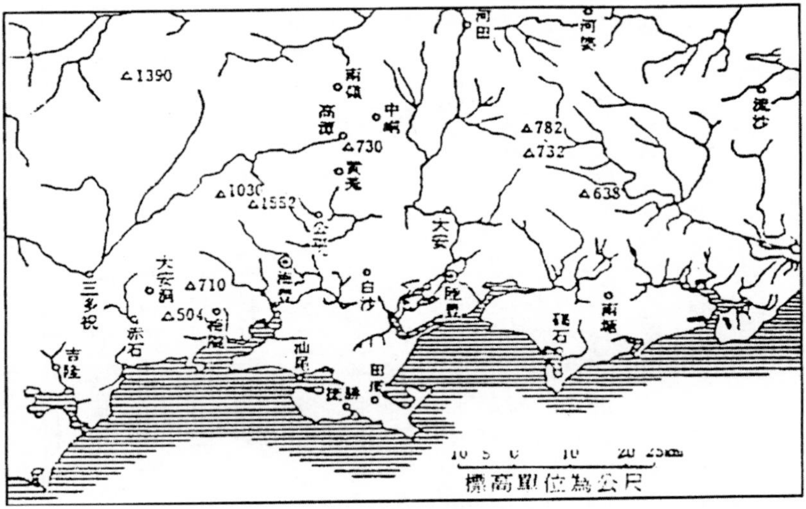

圖三　海陸豐要圖

稱其爲工農救黨軍[161]。

五月一日凌晨起兵。游擊隊、警察、鹽警隊皆被其解除武裝，官吏全被逮捕。縣城的「反革命」陣營沒有準備，因而毫無抵抗。

事實上由東江特委掌握實權，形式上組織國民黨救黨委員會，行政由縣人民委員會和區人民委員會實施。爲著鎮壓「反革命」，設立了革命裁判委員會，惟因准許自由處罰「反革命」分子，所以各地逮捕的官吏大部分，加上所謂「反革命」的重要分子，都被農民未經審判就予以處死[162]。

海豐縣人民政府委員爲楊其珊、李國珍、楊望、鄭志雲、陳舜儀、馬煥新、陳子岐等；陸豐縣人民政府委員是張威、莊夢祥、林鐵史、陳谷蓀等人[163]。

軍事力量的中心是吳振民麾下的部隊，大約二百人，以新式步槍武裝，只有一門砲（其性能不詳）⑯④。另外有林道文所指揮匆匆忙忙組織的農民軍一個大隊，和許多防衛各村落的自衛團，但其武器，堪稱爲槍者只有一千多支，其他都是竹槍和鐵製品⑯⑤。起事之前雖曾致力於補給武器，但歸於失敗⑯⑥，因此除擄獲品外，很長期間，唯一的補給源頭是用人力車夫，由香港等地勉勉強強搬運武器⑯⑦。

五月九日，駐紮惠州的國民革命軍第十八師（師長胡謙）麾下劉秉粹開始攻擊。劉秉粹是前引「革命軍第一次東征實戰記」的作者。第一次東征當時，由於他是黃埔軍校教導第一團的參謀長，所以很熟習海陸豐地方的情勢⑯⑧。他在分水凹這個險要的隘路迎擊了吳振民以下的大約三千多人，吳一敗塗地，國民黨軍遂進入海豐縣城。史稱人民政權爲十日政權。據稱因周圍的農村皆富於革命性，故劉秉粹很愼重前進，幾天之內只佔領了汕尾港，對於農村地帶，祇有以大部隊利用白天漫無計畫地攻擊而已。

中共軍曾三度意圖奪回海豐縣城，但皆失敗。其中兩次是因爲主力吳振民軍未能按照預定進行作戰的結果⑯⑨。

失敗的影響馬上顯現。國民黨分子逐漸大膽行動，逃亡到香港、澳門者陸續回來了。農民開始埋怨吳振民，對自己力量漸失信心⑰⓪。尤其是，如上所述，當時中共中央仍希望與武漢政府合作，故對土地問題尚未提出明確的方針。可能就海陸豐而言，早已實施了「廢止苛捐雜稅」和「二五減租」，所以如果把它當作人民政權的目標，將成爲炒冷飯，毫無新義。但黨又不許大膽進行革命。因此革命政權也就提不出能夠吸引民衆的口號。

由此國民黨陣營遂漸漸恢復勢力，並重新掌握以從前的敵人陳炯明的權利爲首的一切權利[171]。回來的紳士階層，除參加中共組織以外的不予處死，農民以「良民」處置。因爲如果徹底鎮壓革命分子，可能會連累到自己身邊的人，同時將減少勞動力量。

共軍陣營宣言「反革命軍政稅收機關官員、稅捐承商、宣傳員、偵探、團丁隊兵，以及反動機關團體的伙伕雜役，無論何時一經查出，一律槍決，家屬永遠驅逐出境，家產全部沒收」[172]。予以對抗，但沒有效果，而逐漸被趕往山中。

沒有希望奪回海豐縣城時，在北方的五華發生了暴動。暴動雖然失敗了，但得悉國民黨軍只有兩個中隊，於五月二十一日，在東江特委指揮下的主力吳振民部隊乃往五華出發。可是很意外地，遭受國民黨軍的大部隊追蹤，未能駐足五華而逃到北方，進而前往武漢。這支部隊經梅縣、潯鄔、會昌、彝都、上猶而至酃縣。由於此地的北方是何鍵軍的勢力範圍，因此暫時駐紮此地，同時令林甦等前往武漢。他們於七月上旬到達武漢，而得與彭湃見面。可是不久武漢政府卻開始反共，故吳振民軍遂不得從酃縣撤退其軍隊，並在各地轉戰，以避免國民政府軍的攻擊[173]。他們好不容易抵達汝城，在此與農民軍合流，才喘一口氣。但在這裡受到范石生軍的攻擊，吳振民戰死，殘軍可能爲朱德軍所收編⑰④。

二、第二次暴動

國民黨勢力一進入農村，馬上會產生納租的問題。一九二五年秋天以來，長期習慣於減租或不納稅的農民，對於國民黨勢力的「二五減租」或以名義上的二五減租而跟從前一樣要強制徵收的作法，當然無法接受。因此在農民之間，因切實的利害關係而累積了不滿。中共抓住了這個機會。一方面有連減租都不可能，抗租運動將導致大屠殺，故應先從外面以實力消滅敵人以後再進入下一個階段的意見，另外一種意見是，如果拒絕抗戰即立刻從事大規模的暴動⑰⑤。但這兩種意見黨都不採納，而暗中指導要把農民的抗租運動變成大的鬥爭，同時無視黨中央的方針，大膽地開始宣傳「土地農有」。於是抗租運動逐漸擴大，農民之屠殺豪紳反革命分子也隨之而殘酷⑰⑥。

八月中旬，有賀、葉軍要南征的情報，秋收暴動的指令也來了⑰⑦。

國民黨軍的武力，劉秉粹的聯隊已經歸投惠州，以新就防備的一個中隊爲中心，武裝力量大致有一千二百至一千五百人。

九月初，終於起兵了。

公平、梅隴遂落入農民軍之手，八日，攻陷陸豐縣城。此日，「反革命軍」一個排五十九人投降，其武器爲革命軍求之不得的收穫⑰⑧。海陸豐地區的「反革命軍」一千二百人，被趕往海豐縣城，其餘的皆入農民軍控制之下。農民軍的子彈已用盡，只以衝鋒與敵人戰鬥，十六日，「反革命軍」放縣城，十七日，農民軍進入佔領了縣城⑰。

當預期國民黨軍將有強大的反攻，便指定海豐、陸豐、惠陽、紫金四縣的山中邊區爲革命根據地。他們將其革命政策，說明如下：

㈠前次是所謂縣人民政府，這一回是工農的獨裁。……政府唯一的責任是肅清反革命，縣革命政府成立了革命裁判委員會，……准群眾自由殺人，故經革命裁判委員會處理的很少。

㈡歷次鬥爭的經驗使黨及群眾深切知道，對反革命寧可過渡的殘酷，不能絲毫姑息。『寧可殺錯，不要使其漏網』這是時時警告各黨部及同志的。反對的鄉村有些全部焚燒了。

㈢臨時縣革命政府一成立即宣佈 沒收土地，交縣農會去分配給無農地農民。

㈣除開沒收反革命財產之外，所有的商人或富戶都勒派軍餉，限期交納，否則拏人封屋。……小地主及商人原來應該反動的了，因爲我們要實行土地革命，要建立工農獨裁的政權。

㈤擴充武裝問題沒有成功。

㈥海陸豐農民有些因看見我們籌錢、殺人、焚屋那麼厲害，要他們起來，還說

「不要太兇，農會終歸失敗的」。宣傳不好是我們很大的缺點。

(七)同志都喜歡去打仗、拿人，內部工作終不免忽略⑱⓪。

在這裡，第三國際或黨中央所構想的國民黨框框中的革命政權，和與小資產階級的聯合，都不在考慮的範圍之內。雖然沒有使用蘇維埃的名稱，但日後黨中央十一月的決議，在這一邊境已經完全實現了。

九月二十五日，隨國民黨軍的進攻，按照預定退卻。但反省說：「農民及農民軍是衹能前進不可退卻的，經此一退卻，群眾及農民軍的勇氣自然有多少影響，所定計畫大部分不能實現」⑱①。

這次國民黨軍也只進入海豐、陸豐兩個縣城和汕尾港，大部分的農村仍然在中共陣營手裡。從幾個月的經驗，國民黨軍得知攻擊農村也沒有什麼效果，因而不大進攻了。在這樣的情況下過日子，農民的士氣漸漸恢復時，獲得賀、葉軍前進到潮陽、汕頭的聯絡，因此農民遂踴躍起來⑱②。

三、賀、葉殘軍入海陸豐

賀、葉軍的黨前敵委員會派人前往海陸豐招募二千兵員。海陸豐的黨組織，決定招募超過前敵委員會所要求的三千人，並令第一批的七百人徒手出發。但它在中途被國民黨勢力攔住而徒然回來，因此不得不放棄補充兵力的嘗試。在湯坑、流沙戰敗的賀、葉軍之中，其第二十軍逃到海陸豐，但師長以下在這裡向國民黨軍投降，農民由之非常失望。

因得知流沙的慘敗，便分六路尋找敗軍結果，纔收容了前述董朗以下八百人的殘軍。

海陸豐的農民，雖然知道他們是戰敗士兵，但作夢也沒有想到被打得那麼悽慘。簡直是一敗塗地，軍裝破爛不堪，帳、雨傘、草鞋都丟光淨盡，士氣落到谷底。農民給他們糧食和衣服，予幾百人的傷病兵以醫藥品，以安慰他們的心情。據說，他們仍將其將來希望寄託於與前進的軍閥的合作，但海陸豐黨部說服他們應該深入農村，在農村發展勢力，期待農民的力量⑱³。我們很容易瞭解：當時的黨中央和直接受其影響的賀、葉軍的政治戰術，與海陸豐的政治戰術有很大的不同。

把好容易才恢復士氣的賀、葉殘軍，改編為工農革命軍第二師，集其子彈再分配結果，一個士兵獲得四十顆。他們帶來的機關槍，成為農民軍最好的武器⑱⁴。農民的氣勢由之更加高漲，始完成東山再起的準備。

第七節　建立蘇維埃

一、第三次暴動

李濟琛與張發奎在廣州抗爭的結果，海陸豐地區的駐防軍隊，從一九二七年十月二十九日起突然開始集結於海豐，十一月一日撤到西方。在此之前，已經準備就緒的革命軍，同時起兵，攻罕公平、梅隴和汕尾，十一月一日佔領了縣城，除捷勝以外，將整個海豐縣收在手中。繼而攻克甲子、陸豐、碣石，十九日佔領了捷勝⑱⁵。

此時，如前面所述，中共中央決定了要建立維埃的方針。作為建立蘇維埃的過渡措施，東江特委創立了臨時革命政府，指定楊其珊、陳舜儀、林道文、陳子岐、楊望、林鐵史、鄭志雲組織主席團。這個臨時革命政府布告第九號的所謂七殺令是：㈠凡地主向農民取租者；㈡有勾結田主私還租穀者；㈢凡私藏土地契約而不繳本政府者；㈣取消一切債務，如有債主向工農討債者；㈤為地主作工役向工農勒債者；㈥窩藏地主土地契約者；㈦如已向農民勒取租穀而不立刻繳出者，一律槍決⑱⁶。這是已經正式決定的「地主應嚴重殺戮」⑱⁷的具體規定。

二、建立海豐工農兵蘇維埃政權

從十月十八日，召開了海豐縣的工農兵代表大會。

其代表分配的比率為：農民佔百分之六〇、勞工百分之三〇、士兵百分之一〇；祇有汕尾市蘇維埃是例外，勞工百分之六〇、農民百分之三〇、士兵百分之一〇。因為汕尾市是一個港都，勞工多的緣故⑱⁸。根據彭湃的計算，海豐七萬多戶之中，五萬六千戶是農民⑱⁹。假定家族人數各階級為同數的話，人口的百分之八〇為農民，所以勞工的比率應該在百分之二〇以下。因此這個代表的分配比率，對勞工非常有利。

十一月十八日，主席陳舜儀致開會詞，中國共產黨代表彭湃、工農革命軍第二師師長董朗、東江革命委員會代表劉琴西和黃雍[190]、中國共產黨海豐縣委員會代表楊望、中國共產主義青年團廣東海陸豐地方委員會代表覺悟相繼發表演說。彭湃作了相當長的政治報告[191]。他的得意，可以想像。

十一月十九日，討論「土地沒收案」、「土豪劣紳殺盡案」、「勞動者生活改革案」等。大會中，傳來攻克捷勝的消息，會場由之歡聲沸騰，遂以大會名義，電命完全肅清反革命派，和明日護送俘虜。

十一月二十日，繼續討論昨日各案。停止大會，舉行來自捷勝的凱旋軍的歡迎會，閉會後在場處死俘虜三十多人[192]。

十一月二十一日，通過各項提案。選出陳舜儀、楊望以下十三人爲蘇維埃政府委員，林彬以下十四人爲蘇維埃裁判委員。

三、組織

在此以前的十一月十三日，在陸豐縣召開了陸豐工農兵代表大會[193]，林鐵史以下被選爲蘇維埃委員[194]。海豐縣和陸豐縣各分爲九區和五區，各區設有區蘇維埃，下面的鄉有鄉蘇維埃[195]。此外，惠陽縣和紫金縣設特別區[196]。縣蘇維埃上級似無統一的官廳，故「海陸豐蘇維埃」可能是俗稱（不過，瞿秋白稱呼過海陸豐蘇維埃政府「主席彭湃」[197]。事實上，成爲統一政權之中樞的似乎是中國共產黨東江特別委員會。據稱其書記爲彭湃，委員有王備、黎深、鄭志雲、陳赤華、林道文、楊望、林鐵史、王樹棠、王懷楝、張威等人；辦公廳主任王備，軍事委員會主任為顏昌頤，宣傳委員會主任是陳赤華，經濟委員會主任為陳子岐，其他不詳⑲⑧。

東江特委下面有海豐縣委員會（書記林鐵史）、東江黨校（教員有陳赤華、黃雍、朝鮮人感聲、張北星等）等等，各縣委下面為區委、鄉委和小組⑲⑨。而為其支援組織的是共產主義青年團和少年先鋒隊，大眾團體農民協會、工會等。

實權集中於彭湃。當時在海陸豐蘇維埃的一個朝鮮人革命家回憶彭湃說：

「蘇維埃政府在實際上是『民主獨裁』。彭懂得如何掌握這種形態的政府。他雖然是一個掌控全權的革命的獨裁者，但卻立於民眾的同意之基礎上。民眾不是依靠強力，而是經由說服服從他的方針。雖然沒有黨的獨裁，但卻是根據民眾意思，與民眾站在一起的執行上獨裁。換言之，彭指導民眾，民眾追隨著彭。彭並不下達命令，而感化民眾使其獻身他的想法，這可以說是民主主義的本領。即使是一個人的統治，彭統治著海陸豐蘇維埃，但他本身完全沒有這種感覺。他信奉多數決的原理，並認眞遵守這個原理。彭自己身邊有參謀部，但這個參謀部都追隨著他。彭一向鼓勵自由討論，而黨會議和大眾的集會都贊成他的方針。時至今日，我還記得非常清楚，有一天，彭對我說明他對政府的各種原則稱：『我們必須將一切權力集中於某一點，但如果這不是立足於大眾民主主義的基礎；一定比豆腐還要脆弱』」⑳⓪。

這個朝鮮人對王備則這樣說：

「他很嚴肅，罕見他笑過，聽說他的權力很大，常常對紅軍兄弟訓話，一開口便是『鐵的紀律，無產階級的莊嚴』」(201)。

四、軍事力量

前面說過，武力的中心是紅軍第二師的八百多人。此外還有林道文指揮的工農革命軍和自衛村落的赤衛軍(202)。赤衛軍在數目上可能很多，但其武器一定很差。工農革命軍以選拔的一千多人所組織(203)。

一九二八年一月七日(204)，戰敗於廣東公社的軍隊到達。

由於第三國際的強烈要求，諾伊曼親自到現地去指揮的廣東公社(205)，以三日天下而告終，由之以教導團為主力的敗軍的一部分集於花縣，在此地改編為紅軍第四師，以先任中隊長葉挺為師長，王侃予為黨代表，經從化、龍門而至海豐(206)。根據當時與第四師去的徐向前的計算，第二、第四兩師加起來為兩千人(207)，減去董朗麾下第二師的八百人，應該是大約一千二百人左右。這支部隊與賀、葉殘軍不同，裝備良好，有的人帶眼鏡，也有人帶鋼筆，除步槍外也帶著手槍(208)。第四師另行加上了兩千志願兵(209)。

武器的補充很不夠。由於周圍被國民黨軍所包圍，因此從外面的補給管道，與以前一樣非常有限(210)。邊區山中雖然有一個兵工廠，但只能修理槍械，和製造打兩百公尺的步槍㉑、炸彈、子彈而已。大部分戰士攜帶的都是這種手製的步槍㉒。資材皆為擄獲品或從「反革命分子」住處沒收的金屬類。

邊區山中有一家醫院㉓。

五、政策

一九二五年第二次東征之後，彭湃所實施，後來他不在時也被繼承且更進一步的方針，即對「反革命」勢力毫不寬恕的復仇，使大眾站起來，大眾一旦站起來對其憤怒不加以節制的方針，原封不動地成為這個蘇維埃的基本方針。

開始鎮壓反革命時，為著鼓勵赤衛隊員，對死刑執行人發給大洋銀二元作為獎金，但半個月以後就不必發獎金了㉔。前述朝鮮人革命家回憶說：

『「看看這個傢伙那樣白的手，應該沒有錯。他是反革命地主的兒子，階級的敵人」，農民們說。我因爲欣賞似天眞無邪的這個青年的長相，故我說他沒有犯什麼罪，我想他會樂意參加反對其父親的革命。於是彭湃微笑拉著我的手說：

「你跟這個青年實在是年輕而天眞。階級上的正義不是個人的，而是內戰的必然處置。我們認爲可疑時，不能少而要多殺。你不知道地主統治下海陸豐如何殘酷，你如果看過所看的，你就不會提出任何疑問。農民的殘酷，不夠地主之殘酷的百分之一。在數目的比較上，農民殺人殺得少之又少。農民知道爲了防衛自己需要什麼。如果不打倒他們的階級敵人，他們將失去元氣，對革命的成功抱持疑問。這是他們的義務，也是你的義務』」[215]。

如此這般，依然有如暴風雨地殺盡反革命分子，以根絕革命因素，同時以這種非常的行為來提群眾的士氣。這與一九二七年年初毛澤東的「湖南農民運動視察報告」所說：「老實說，在一切的農村，必須短期內創造出恐怖現象，……要改正錯誤，必須作得過頭」，實在太像了[216]。

土地革命這次也進行得很徹底。不僅沒收了地主的土地，連自耕農的土地也暫時沒收，爾後再平等地分配給佃農和自耕農。勞工的工作定為十小時勞動制（女子、少年工工作八小時）[217]。惟因此時在「反革命」勢力重重包圍之下，以及大事增加工業生產量，所以這個制度是否曾付諸實行，不無疑問。

稅是除香煙稅、酒稅、屠宰稅、奢侈品稅外，苛捐雜稅一律廢止，制定單一稅率，但其內容完全不詳[218]。蘇維埃政府的費用特別是軍事費應該一定不少，因此其主要財源可能來自沒佔處死刑者的財產，和徵用小資產階級、小商人的財產[219]。明顯地以小資產階級為敵人予以壓迫，固然可以為一時的財源，但很可能繼絕流通網，從而加緊蘇維埃區的物資之不足。

六、與黨中央十一月決議的關係

十一月，正當海豐、陸豐二縣的大部分落入共軍手中時刻，中共中央召開了政治局擴大會議。黨中央在此次會議決議了創黨以來的極差方針。中共的政治戰略的鐘擺，因陳獨秀路線的右翼機會主義的反動，而往極左擺動。

首先，他們以爲現今仍在革命的高潮時，乃以組織農民自動的暴動從事全面暴動，並以勞工階級的爆發互相支援爲其基本戰略。其次，沒收一切地主的土地，對所有反革命派毫不寬貸，從而建立蘇維埃政權。

從這個觀點，追究自陳獨秀路線以還至賀、葉南征的責任，譚平山被開除黨籍。應該接待南征軍的黨廣東省委，以不沒收五十畝以下之地主的土地，減租百分之三〇爲口號，令農民不願意起事，海南和雷高雖然起兵了，卻在地區上孤立，在東江，除普寧、五華、海陸豐外，其他地方沒有組織而被追究責任，故受到警告[220]。東江特委未受到任何批判。

不僅未受到批判，而且黨中央十一月決議的內容，正是海陸豐所實施者，也正在實施著。很長時間，或許建黨以來，與黨中央的方針分歧但默默地一直從事農民運動的海陸豐黨部，至此才能夠堂堂地主張黨中央的政策與他們的作法一致。過去，好在其位於東江地方的一隅，即使海陸豐的左傾主義與右傾的黨中央發生齟齬，也就沒有成爲任何的重大問題，大部分的時候，甚至於不知道有這樣的分歧。實際情況是，如上所述，十一月決議以前，在海陸豐，作爲農民運動的具體戰術，實施著所謂「過火」。

總之，不是因爲十一月決議黨中央的指示才建立工農獨裁政權，和開始實施極左的政策。

七、關於建立蘇維埃的時期

筆者曾根據作者不詳的『海陸豐蘇維埃』，以為陸豐蘇維埃成立於十一月十三日，海豐蘇維埃建立於十八日。但對此有不同的說法：

㈠十一月一日說。國民革命軍第十六師『海陸豐平共記』說，十一月一日組織了所謂海豐縣工農兵蘇維埃政府[221]。但鍾貽謀所引述，說是保存於海豐文化館的海豐縣臨時革命政府的布告是十一月六日[222]，所以這個說法是不正確的。可能『反革命』陣營，混淆了這個臨時革命政府（成立於十一月一日）和蘇維埃政府的成立所使然。

㈡十一月七日說。這個說法的根據是瞿秋白的「廣州暴動之意義與教訓」，其為「很難支持」，石川忠雄已經說過[223]。鍾貽謀的一九五五年論文「海陸豐農民的八年戰鬥」二〇九頁，將其寫成十一月七日，但一九五七年的乃著『海陸豐農民運動』七八頁以下，則根據前述作者不詳的『海陸豐蘇維埃』，完全改變了其敘述。附帶要說的是，十一月七日是蘇聯的十月革命紀念日，海豐縣城動員六千群眾舉行了慶祝大會。該時曾對中國共產黨發出慶賀通電，其電文說：

「……現在已……克服海陸豐兩縣，根本剷除土劣地主，實現一切土地歸農民，工廠歸工人，建立工農兵代表會，接受一切政權矣」[224]。

當時在黨中央的瞿秋白，以為七日成立了海陸豐蘇維埃，不是完全沒有道理的。

㈢十一月十七日說。它的根據是，上述作者不詳的『海陸豐蘇維埃』。此書開頭引用了成爲十一月七日說之根據的瞿秋白文。但是否因爲作者的抄錯或誤排，成爲「海豐十一月十七日開蘇維埃大會……」多了十字㉕。因此波多野乾一在所著『支那共產黨史』二三二頁，安原祺博在『蘇聯與支那滿洲之共產運動』三一七頁，皆寫成十七日，可能因爲這兩本書，而在日本許多著作流傳。

基於上述理由，筆者採取十一月十八日的立場。

第八節　崩潰

一、暫時的安定

成立海陸豐蘇維埃以來，至次年一九二八年一月的赤石之戰，蘇維埃似乎未受到擁有現代裝備之軍隊的攻擊。當時，廣東有李濟琛、張發奎之不睦和廣東公社，爾後有陳銘樞的討張作戰，內紛不斷㉖。而在扮演過其中一個角色的一點，廣東公社幫助過海陸豐蘇維埃。因此，圍繞著海陸豐的「反革命」勢力，不過是民團或保安隊乃至類似土匪的小軍閥，即使以蘇維埃劣弱的武力亦足夠對抗，甚至於能夠攻擊㉗。但那種以北伐當時破竹之勢響應北伐軍的農民運動的熱情和熱心，海陸豐蘇維埃的周邊已經絕跡了㉘。

其統治範圍，既沒有擴大，也沒有縮小，而保持了暫時的小康。

二、一種樂觀主義

當然，海陸豐蘇維埃並非無條件地樂觀。實際上革命陣營的心理相當不安定，譬如十二月二十八日，傳來陳濟棠部隊向海陸豐進攻的錯誤消息時，忽然發生動搖就是證明。這個錯誤消息使他們大為緊張，並稱其為「二八事變」，因此預定於一九二八年元旦舉行的東江農民代表大會由之延期。所以，他們遂在縣界的山中建立根據地，以因應政府軍的來襲。整體來說，他們似太過於依靠群眾表面上的革命熱情，而怠忽於事軍上冷靜的計算。

尤其是在「反革命」正式襲擊的一九二八年一月下旬，擊破蔡騰輝㉙、鍾秀南軍二千多人來襲於赤石，而似乎助長了他們的樂觀。在祝勝會，他們喊出進攻汕頭或廣州的口號，東江特委有在東江地區一帶實行大規模暴動的跡象㉚。

有如後來李立三路線，沒有也不能立即進攻都市，但瞿秋白路線的一個特徵則是：現今革命仍在高漲時期這種樂觀的自信彌漫於海陸豐蘇維埃。其實，革命在退潮期，而且早晚必將與以現代裝備武裝的軍隊對決。海陸豐的領導者不認識客觀情勢，赤石勝利後，從二月改選工農兵蘇維埃，並改組為蘇維埃人民委員會，據說，其意圖在於鎮壓反革命時期結束之後，要進入建設的時期㉛。但其悲慘的結局意外地很快就來了。

三、海豐縣城的失陷

張發奎下野，討張軍有餘力之後，陳濟棠麾下的余漢謀，便於一九二八年二月二十八日，率三千士兵進行強襲㉜。從汕頭經揭陽、河婆，一個團佔領了陸豐，另外一個團突然攻擊了公平。當時，公平正在舉行三萬人的群眾大會，其中幾千人被殺，海豐縣城也一下子就被佔領了。他們雖然投入七萬的赤衛隊作戰，但犧牲一千人而戰敗。三月六日企圖奪回縣城失敗，乃分散於山地後退。於是海陸豐的要地全部被政府軍收復㉝。

四、敗軍的流離

五月三日，蘇維埃陣營曾再度集中全力襲擊縣城，但還是大敗，四散而逃往山地。主力，且唯一為農民所信賴和戰鬥部隊紅軍第二師和第四師，加起來只剩下三百多人，因此終於脫離了戰線。譬如紅軍第四師，到達海陸豐時有一千二百多人，最後卻祇剩下六十人而已㉞。

不知何故，此時，暴動組織之中樞的東江特委（彭湃和鄭志雲），似乎都轉到東方惠來地區的山中㉟。如果這是事實，後來沒有有組織的抵抗是有道理的，因為農民失去了他們的領導者。

在此之前，陳銘樞令其麾下的國民革命軍第十六師（師長鄧彥華）駐紮海陸豐，與蔡騰飛的部隊協力，專心鎮壓共軍。

但共軍以為投降就是死，多時六百多人，少時幾十人成群，各自極力逃避政府軍的追擊。迨至一九二九年一月，還不能完全予以鎮壓㉓⑥。

一九二八年二月二十五日，第三國際中執委第九次擴大會議，通過布哈林、史大林、向忠發、李立三合作的決議，批判瞿秋白路線為左翼暴動主義㉓⑦。但海陸豐往日的隆盛，已經不可能恢復了。

五、爾後

及至一九二九年，黨似乎曾著手重新組織分散於山中的共軍㉓⑧。有人說，彭湃曾偷偷回到海豐地區㉓⑨。一九三〇年九月二十日，中共中央所決定之選舉條例的日譯文，有所謂福建廣東特區（原文為閩粵特區），分配出席全國蘇維埃代表大會的人數㉔⓪。同時說，當年在海豐還有所謂東江革命委員會㉔①。領導者是彭桂㉔②，一九三一年左右，一時曾擁有一千一百多名部下，爾後因同志相殺，終於一九三三年五月被暗殺，部下由之四散㉔③。

另外一項資料就古大存軍說，一九三〇年當時的情況如下：

「第十一軍：政治委員不詳，兵力五千，武器步槍三千五百支，大砲二尊，機槍三十四挺，手槍八十支。備考：該軍係為第三、四、五軍及其他輸入武器而設，士兵全部農民，是著名的彭湃的遺產（彭於去年在上海被殺），具有三年的鬥爭史，最近從第四軍獲得一千支步槍，勢力大振，目前向惠州進攻目的地為廣州」㉔④。

我們從徐夢秋、蔡樹藩告訴尼姆．威爾斯的說法，皆經過汕頭進入江西蘇維埃地區，可以知道汕頭是到內地蘇維埃的通路[245]。但援護從汕頭到江西之通路的，是不是東江特委指揮下的蘇維埃，那就有疑問了。

有一種說法是，一九三四年，古大存以第十五軍軍長移駐陝西[246]，但實際上可能在東江附近。以後東江一帶的都市大致在國民政府勢力之下，但山中似一直有中共的游擊隊。在抗戰期間，稱爲東江縱隊的游擊部隊活動著[247]。

最後我想說幾點，以爲將來研究的參考。

㈠第三國際和中共中央，由右翼機會主義（陳獨秀路線）到瞿秋白路線，奪取革命主導權的暴動計畫（七月底八月初），決定建立蘇維埃，以十一月決議達至極左。但因一九二八年二月決議修正爲稍右，同年七月、八月，在中共六全大會（第三國際第六次大會）通過（清算瞿秋白路線）。

㈡在這期間，毛澤東的方策，到實施秋收暴動左右，因極左（譬如一九二七年三月「湖南農民運動視察報告」）而遭到慘敗，爲著生存，在戰術上他們改變採取更富於彈性的方策。

首先，毛澤東很可能深深感覺到革命已進入退潮期。他在一九二八年十月發表「中國紅色政權爲什麼能夠存在？」，表面上說革命在前進，但「不明瞭當時正是統治階級暫時穩定的時候」[248]，「在敵人勢力的穩定還有一個比較長的期間的條件下」[249]，在在顯示內心感覺革命的退潮期。

因此，心中覺悟將長期受到政府軍的包圍，故集中共軍迴避決戰，改編俘虜成為共軍，以小資產階級為朋友㉕0。這種方策，從十一月決議的精神來說，是很右翼的。一九二九年一整年，毛澤東與黨中央所派遣黨員之間的戰術上對立（毛為右，派遣員為左，即毛更務實，派遣員更教條）似從未間斷㉕1。

㈢海陸豐蘇維埃一直極左，一向比黨中央往左走一步或兩步。第三國際和黨中央在十一月決議站在極左立場時，海陸豐纔與它同其路線。但實際上革命退潮時，他們沒有這種認識，在軍事上的計算犯了錯誤，即由於欲分散軍事力量（本來就很脆弱）以向外求發展，反而突然受到政府軍的襲擊，其組織為之一舉被寸斷。

將㈠第三國際與黨中央，㈡井崗山的毛澤東，㈢海陸豐的彭湃三者的方策作如上所述的解釋，以及考慮到當時一九二七年夏天以後迅速陷入革命退潮期（即使因「反革命」勢力相互之間內戰，很短期間高漲）的客觀條件時，解除高漲期的「過火」，退潮時主張保存勢力的毛澤東的方策，可以說是最合乎法則。

正因為如此，所以海陸豐蘇維埃崩潰，井崗山的紅色政權才得於生存和發展。

附錄

一、人物略傳

⑴原則上列出在資料上出現三次以上的人名。

(2)按照威德式羅馬字順序排列。

(3)資料，主要根據彭湃『海豐農民運動』、作者不詳『海陸豐蘇維埃』、國民革命軍第十六師『海陸豐平共記』、鍾貽謀『海陸豐農民的八年戰鬥』以及『海陸豐農民運動』。以其他文獻補充時才以註說明其出處。

張媽安：最早參加彭湃之農民運動的農民。擔任一九二三年一月的海豐總農會的調查部；該年廣東省農會執行委員、庶務部員。

張北星：與咸聲皆爲朝鮮人。他倆都是中共黨員，也是東江黨校教員。可能是Song of Ariran的作者，或其友人Wu Seng-nun[252]。

張善鳴：留學蘇聯，結核。一九二六年前後出任黨海陸豐地委書記。後來組織幹部訓練班從事教育工作。據說曾領導一九二七年的第一次暴動[253]，爾後回廣州參加廣東公社而死[254]。

張　威：一九二五年第一次東征時爲陸豐縣總農會委員，二七年第一次暴動時是陸豐縣人民政府委員，第三次暴動時的縣蘇維埃委員。黨東江特區委員。黨陸豐縣委員。二八年二月陸豐縣蘇維埃人民政府委員。崩潰後七月，在南塘附近游擊中被逮捕。

陳赤華：黨東江特區委員，宣傳委主任，發行機關雜誌『布爾什維克』、『紅旗周刊』；東江黨校教員。

陳魁亞：社會主義研究社同仁。贊成彭湃，參加農民運動。一九二六年一月普寧農協執行委員。

陳谷蓀（陳國蓀？）：一九二七年第一次暴動時爲陸豐縣人民政府委員；第三次暴動時是陸豐縣蘇維埃委員。黨陸豐縣委員。二八年二月陸豐縣蘇維埃人民政府委員。

陳舜儀：海豐師範畢業。社會主義研究社同仁。一九二五年第一次東征時爲縣總工會委員。二七年第一次暴動時爲海豐縣人民政府委員。第二次暴動時爲縣政府主席團。第三次暴動時爲海豐臨時革命政府主席團。繼續爲海豐工農兵代表大會主席團。縣蘇維埃人民政府委員。一九三〇年潛伏山中策動暴動，通緝獎金二千元。據稱後來投靠國民黨軍或爲革命犧牲(255)。

陳佐邦：與林道文發行『新生周刊』；一九二六年一月爲普寧農協執行委員。

陳子岐：一九二五年第一次東征時爲海豐縣農會委員。二七年第一次暴動時的海豐人民政府委員。第三次暴動時是臨時革命政府主席團。黨東江特區委員、經濟委主任。二八年二月海豐蘇維埃人民政府委員。

鄭志雲：社會主義研究社同仁。贊成彭湃，參加農民運動。一九二五年第一次東征時爲海豐縣總農會委員。二七年第一次暴動時是海豐人民政府委員，第二次暴動時的政府委員。第三次暴動時是臨時革命政府主席團。黨東江特區委員、組織部主任。

二七年五月敗後與彭湃同其行動㉕⑥。

莊夢祥：一九二五年第一次東征時是陸豐縣商會委員。二七年第三次暴動時爲陸豐縣蘇維埃委員。黨縣委員。二八年二月縣蘇維埃政府委員。

何憐芳：工人。一九二五年第一次東征時爲婦女解放會幹部。二七年第三次暴動時的海豐縣蘇維埃人民政府委員。

蕭河源：從一九二七年第一次暴動就是農民軍幹部，指揮客家兵。第三次暴動時是陸豐四區蘇維埃委員。二八年陸豐蘇維埃人民政府委員。

咸　聲：請看張北星。

徐向前：廣東公社後紅軍第四師第十團黨代表。後來爲第四師參謀長。轉戰於陸豐縣城、甲子和惠來。瓦解後逃往上海㉕⑦。

黃鳳麟：一九二二年赤山約農會會長。二三年農曆正月十六日在新年祝賀會演說。七・五農潮被逮捕。被釋放以後的情況不詳。

黃娘漢：農民。一九二七年第三次暴動時海豐縣蘇維埃政府委員。二八年二月蘇維埃人民委員。三月指揮攻擊汕尾戰死。

黃悅成：農民。一九二七年第三次暴動時是海豐縣蘇維埃政府委員兼第三區蘇維埃委員。一九三〇年，在山區從事游擊時以二千元獎金被通緝。有人說在彭桂領導下有赤悅成者就任赤衛軍司令。這是否爲黃悅成之誤？㉕⑧

古鴻江（逢江？）：農民。一九二七年十一月海豐縣工農兵代表大會主席團。縣蘇維埃政府委員。二八年縣蘇維埃人民委員。崩潰後跟隨彭桂。

古大存：五華（或梅縣）的農民。從一九二三年起在五華從事農民運動。瓦解後擔任第四十七團長。二九年率領八十人進攻安流，以後到一九四九年爲東江地區共軍的指揮者。第十一軍軍長。一九三一年中華蘇維埃一全大會中執委；一九三四年中華蘇維埃二全大會。一九五六年中共第八屆中委候補委員㉕⑨。

李春濤：留學日本。與彭湃共同主編『赤心週刊』。一九二三年七．五農潮時在潮安。往訪彭湃，請其撰寫「海豐農民告同胞宣告」。

李國珍：留學日本。社會主義研究社同仁。一九二五年第一次東征時爲陸豐縣教育局長。二七年第一次暴動時是海豐縣人民政府委員。

李勞工：社會主義研究社同仁。中途退學蠶桑學校，參加彭湃的農民運動。一九二三年七．五農潮以後與彭湃前往香港工作。二四年農會解散後與彭湃到廣州，進黃埔軍校。二五年第一次東征時回鄉，作爲彭湃的左右手，努力於培養農民。同年夏秋之交被捕處死刑。

林　彬：一九二七年第一次暴動時爲人民政府委員。海豐工農兵代表大會主席團。縣蘇維埃裁判委員。黨海豐縣委員。該年年底，被任命爲東江農民代表大會籌備主任。當時陳銘樞軍與張發奎軍對立，在東江地區頻調動兵力，黨首腦誤解其爲對海陸豐的進攻，而匆匆取消召開大會。二八年二月爲海豐縣蘇維埃人民委員。

林甦：留學日本。社會主義研究社同仁。一九二三年七・五農潮時，與彭湃去向陳炯明請願。二七年第一次暴動時是人民政府委員。與吳振民一起北征，在漢口遇到彭湃。第二次暴動時是政府主席團。

林道文：社會主義研究社同仁。『新生週刊』編輯。廣州農民運動講習所第三期生。一九二五年第二次東征後爲農民運動特派員。二七年第一次暴動時擔任工農革命軍大隊長，爾後專心於打游擊，被國民黨軍稱爲「道文斑」。第二次暴動時與劉琴西一道指揮，受傷。第三次暴動時以工農集團軍軍長，擔任總指揮。黨東江特區委員。海豐臨時革命政府主席團。日後在廣州被處死刑。國民革命軍第十六師團『海陸豐平共記』中有所謂林道文日記的一部分。其一九二七年四月二十九日說「昨日在香港遇到湃兄」，但此時中共正在舉行其五全大會，故很難想像彭會從武漢到香港。但這個日記似也不是僞作。這是一個疑問。

林鐵史：出生於一八九九年四月一日。父親林晉亭是陳炯明政府的審計處長，後來推薦彭湃出任海豐縣教育局長；七・五農潮時努力於使陳炯明釋放農民。廣州府中學畢業，一九二四年四月，以陳炯明的獎學金入學慶應義塾大學經濟學部預科一年級，二五年因未繳納學費被開除學籍(260)。該年第一次東征時爲海豐縣教育局長。二七年陸豐中學校長。第一次爆動時是陸豐縣人民政府委員。第三次暴動時爲臨時革命政府主席團，繼而出任陸豐縣蘇維埃委員。二八年二月陸豐縣蘇維埃人民委員。黨東江特區委員。黨陸豐縣委員。瓦解後二八年七月六日潛入碣石，從事蘇維埃重建工作時被捕處死刑。

劉琴西：五華人。一九二五年任陸豐縣長。二七年第一次暴動以來，率領農民軍響應林道文。第二次暴動的指揮者。在十一月十八日的海豐縣工農兵代表大會，以東江革命委員會代表演說。

呂舜階：廣西省立法政學校畢業。國共合作時海陸豐地區國民黨工作人員。一九二七年第一次暴動時是人民政府委員。瓦解後亡命印尼。一九三〇年以一千五百元獎金被通緝。

彭漢垣：彭湃之胞兄。社會主義研究社同仁。一九二三年廣東省農會執委，從事農民運動。二五年第一次東征時為海豐縣長。

彭　桂：農民。有人說他是彭湃之胞弟，也有人說是其外甥，甚至說與彭湃毫無關係。很早就參加農民運動。一九二七年第一次暴動以後，指揮農民軍。瓦解後的情況請參閱一二四頁。

彭　湃：到一九二八年，如本文所敘述。爾後，在一九二八年召開於莫斯科的六全大會，被選為中執委（但彭湃本身似未赴莫斯科）。瓦解後逃到上海任黨江蘇省委和農委書記。一九二九年八月二十四日，與楊殷（夢揆）、張際春、顏昌頤、邢士貞等開會時，被白鑫密告被捕。共產黨大爲震驚，曾企圖破獄沒有成功，在龍華警備司令部於三十一日（有人說是三十日）槍殺。白鑫黃埔軍校畢業，曾任海陸豐紅軍第四團團長，當時是江蘇省軍委會幹事，暗中通國民黨，爲上海警備司令部督察員兼特務科副主任。共產黨極恨白鑫，該年九月中旬，在上海法國租界將其報復暗殺[261]。

彭元章：社會主義研究社同仁。國共合作時代曾在國民黨黨部活動。一九二七年爲陸豐縣蘇維埃委員。共黨陸豐縣委員。二八年二月陸豐蘇維埃人民委員。

董　朗：改編賀、葉殘軍後的紅軍第二師師長。但也有其爲第二師第四團團長的記載。

萬清味：農民。爲老農會會員，一九二三年廣東省農會執委。一九二五年第一次東征後的海豐縣農民代表會主席團。

王懷棟：士兵。黨東江特區委員。一九二七年十一月十八日海豐縣工農兵代表大會主席團。縣蘇維埃政府委員。二八年二月縣蘇維埃人民委員。

王　備：葉軍出身。東江特區委辦公處主任兼紅軍第二師參謀長。

吳振民：黃埔軍校畢業。一九二五年以來農民軍之組織訓練的負責人。二六年國民黨軍討伐各處的村落，由於他是幹部之中唯一的他鄉人，所以二七年國共分裂時，受國民黨勸誘，他僞裝靠攏國民黨並搜集國民黨軍的情報，以拖延其進攻。第一次暴動失敗後退，經五華北征，在汝城戰死。

楊其珊：農民。一九二三年海豐縣總農會副會長，後來爲會長。廣東省農會執委、財政部主任。七．五農潮時被捕。二五年第一次東征後海豐縣農民代表大會主席團。二六年左右，任國民黨廣省黨部監察委員。二七年第一次暴動時爲海豐人民政府委員。第二次暴動時是政府委員。第三次暴動時爲臨時革命政府主席團。海豐縣蘇維埃政府委員。

楊　望：社會主義研究社同仁。二七年第一次暴動時是海豐人民政府委員。第二次暴動時爲政府主席團。第三次暴動時爲臨時革命政府主席團。十一月十八日海豐縣工農兵代表大會主席團。縣蘇維埃政府委員。黨東江特區委員。黨縣委員。瓦解後，二八年九月一日被捕，當場槍殺。

葉子新：農民。很早就從事農民運動，一九二二年七．五農潮後在梅隴地區以團結不耕作而成功減租。二五年第一次東征後海豐縣農民代表大會主席團。二七年十一月海豐第三區蘇維埃委員。

葉　鏞：四川人。黃埔軍校畢業。參加廣東公社，擔任中隊長。失敗後逃往花縣，在這裡集結殘軍編成紅軍第四師，葉被任命爲師長。以下請參閱本文第四章第一節。瓦解之後因病沒趕上部隊，二八年六月十七日被捕處死刑(262)。

顏昌頤：紅軍第二師黨代表。東江特區委員、軍事委主任。瓦解後逃至上海，屬於黨江蘇省委軍事科。與彭湃於一九二九年八月二十四日被捕處死刑(263)。

二、參考文獻

(1)只列出筆者認爲有關海陸豐蘇維埃重要的文獻。
(2)使用威德和黑本式羅馬字順序排列。
(3)省略了雜法類。

陳少白編『海陸豐赤禍記』，廣州，民國二十一年。

朱其華「自一九二五至一九二七，中國大革命中の農民運動」（『滿鐵支那月誌』，昭和七年一月），筆者未見過。

鍾貽謀編著『海陸豐農民運動』（現代革命史資料），廣東，一九五七年。編著鍾貽謀曾在海豐，一九二七年第二次暴動後列名爲政府委員（國民革命軍第十六師『海陸豐平共記』三三頁）。這是有關海陸豐蘇維埃最詳細的文獻，對筆者幫助很大。

鍾貽謀「海陸豐農民的八年戰鬥」（『近代史資料』），總四號，廣東人民出版社，一九五五年第一期）。

方　回：「彭湃烈士與一九一九年五月七日中國留日學生東京示威遊行運動」（『歷史研究』一九五四年第二號）。

樊百川「中國共產黨成立初期的農民運動」（『大公報』上海版，一九五二年四月三日『歷史週刊』）。

侯　楓「海陸豐農民運動的領導者彭湃」（『紅旗飄飄』第五集，北京，一九五七年十二月）。

賀揚靈編『農民運動』二卷，中國國民黨中央黨務學校刊，一九二八年。

蕭　三『我的朋友彭湃』，據說有這本書，但筆者沒看過。

石川忠雄「大革命敗退直後における中國共產黨について」（『法學研究』第二十七卷第八號，昭和二十九年八月）。

人民出版社編『第一次國內革命戰爭時期的農民運動』（中國現代史資料叢刊），北京，一九五三年。

Kim San & Nym Wales, Song of Ariran, the Life History of a Korean Rebel, New York, 1941.（日譯本，安藤次郎譯『アリランの唄』）。

小島晉治「中國第一次國內革命戰期における民問題について」（歷史學研究會一九五五年度大會報告『歷史と民衆』，東京，一九五五年）。

國民革命軍第十六師政治訓練處『海陸豐平共記』，民國十七年。

桑島主計、好富正臣『中南支地方共產黨及と共產匪行動狀況ニ關スル調查報告書』，昭和五年。是向日本外務省提出的報告。

李蘭天「海陸豐革命概況」（『大公報』上海版，一九五一年十一月十六日，『史學週刊』）。

南滿洲鐵道株式會社庶務部調查課『支那革命における農民運動』，滿鐵調查資料

第百五編（編譯者高山謙介），大連，昭和四年。

村松祐次「初期の中國共産黨と農民」（『マシマ―過去と現在』，近衛霞山公五十年祭紀念論集，東京，昭和三十年）。

南京領事館『支那共產黨及共產匪ニ關スル研究資料』，鋼版，昭和五年。八谷書記生的報告。

南京日報資料「海陸豐工農政府」（武漢市機關馬克思列寧主義夜校編『中國共產黨在中南地區領導革命鬥爭的歷史資料』第一輯，武漢，一九五一年）。

Nym Wales, Red Dust, Autobiographies of Chinese Communists, Stnford, 1952.

小野寺機關譯『國共抗爭史資料』，鋼版，上海，昭和十四年。該書為中國國民黨中央委員會編印『中國共產黨之透視』的日文全譯本。所謂小野寺機關是於昭和十四（一九三九）年，在上海的短期間，以小野寺信大佐為負責人的情報機關。

彭湃『海豐農民運動』（人民出版社『第一次國內革命戰爭時期的農民運動』。但起初係連載於『中國農民』第一、三、四、五期（民國十五年）。本文所引頁數皆為人民出版社版本。瞿秋白似將其譯成俄文並加了解說，但筆者沒看過。

Rote China, Documente der Chinesischen Revotution, 1934. 筆者未見過。

蘇惠「彭湃同志和他領導的海陸豐農民運動」（武漢市機關馬克思列寧主義夜校編

『中國共產黨在中南地區領導革命鬥爭的歷史資料』第一輯，武漢，一九五一年）。

玉德「彭湃同志傳略」（華應申編『中國共產黨烈士傳』，香港，一九四九年）。

作者不詳『海陸豐蘇維埃』，一九二八年。這可能與波多野乾一所說與羅綺園的「海陸豐蘇維埃」（波多野『支那共產黨史』六六七頁）同一書。附錄有羅綺園的「反動派與海陸豐蘇維埃」一文，但其本文是否也由羅綺園所執筆，無法確認。從全部的語調來判斷，或許是中共東江特區委的成員所寫。

Peng-pai,"Memories of a Chinese Communist," Living Age, Vol,344, no.4399 (April 1933) , PP.117~129.它註明史載自莫斯科出版的International Literature。其內容說是原刊於『中國農民』之彭湃的自傳，但卻與前述的『海豐農民運動』大不相同。

註釋：

①園田一龜『支那新人國記』，奉天，大阪屋號書店，昭和二年，二五七，四五六—七，四八〇—五頁。

②彭湃『海豐農民運動』九八頁。

③鍾貽謀「海陸豐農民的八年戰鬥」，一八六頁。

④彭湃，前引書，一三六頁。

⑤賀揚靈『農民運動』第四編，六—九頁。

⑥由海豐的移民統計，刊於彭湃引書八四頁。

⑦Nym Wales, Red Dust, P.199.客家婦女通常都不纏足。可能是客家習俗的影響。

⑧彭湃，前引書，四五頁。

⑨鍾貽謀，前引書，一八〇頁。

⑩東亞同文會『支那省別全誌』第一卷，二四六頁。

⑪鍾貽謀『海陸豐農民運動』，九—一〇頁。

⑫同右。

⑬侯楓「海陸豐農民運動的領導者彭湃」，三二頁。一八九六年十月二十二日是農曆九月十六日，早稻田大學學籍簿記載為「明治二八年九月十六日生」。如所周知，當時在清廷統治下，一般都用農曆，而且填寫早稻田大學文件時可能不會把它換算為新曆，所以其為農曆九月十六日出生應該是正確的。問題是如侯楓所說是一八九六年，還是如早稻田大學所說明治二十八年即一八九五年。這裡暫時接受侯楓的說法。日本外務省情報部編『改訂現代支那人名鑑』(昭和三年發行)五七頁，說彭湃是三十三歲。如果將這年齡以昭和三(一九二八)年為虛歲三十三歲來計算的話，當為一八九六年出生。此外，『支那問題辭典』(中央公論社，昭和十七年發行)附錄人名辭典七〇頁說他是一八九五年生。

⑭彭湃「海豐農民運動」，五二頁。彭湃的這個報告書，最初連載於『中國農民』雜誌。『中國農民』第三期（民國十五年三月）的原文說，統治下的農民五百人以上，家族三十人以下，「大約每人可統治百個農民」。玉德「彭湃同志傳略」四五頁說，統治下的農民五百以上，家族二十人以下，「大約每人可統治數十農民」。『中國農民』的文章，計算有問題。這可能是誤排或彭湃的筆誤，後來於一九二六年出版時（請參閱七八頁）更正過來的。此外，還有幾個明顯改正過的地方，現在暫採取一九二六年版的一千五百、三十、五十的數字。筆者不清楚玉德的引用何所據。

⑮東亞同文會『支那省別全誌』，第一卷，一一二一六頁。

⑯侯楓「海陸豐農民運動的領導者彭湃」，三六頁。

⑰根據早稻田大學學籍簿。

⑱桑島主計『中南支地方共產黨及ヒ共產匪，行動狀況ニ關スル調查報告書』，二一三頁。

⑲菊川忠雄『學生社會運動史』，增補改訂版，東京，昭和二十二年，五四、六八頁。

⑳王拱璧「東遊揮汗錄（選錄）」（『近代史資料』，一九五五年第二期），一一八－二三頁。

㉑方回「彭湃烈士與一九一九年五月七日中國留日學生東京示威遊行運動」。
㉒鍾貽謀『海陸豐農民運動』一四至二〇頁有全文。
鍾貽謀『海陸豐農民運動』九頁。
㉓鍾貽謀「海陸豐農民的八年戰鬥」，一八〇頁。
㉔彭湃，前引書，五一—二頁。這個文章的重要部分，在『中國農民』看不到其原文。可能是彭湃自己以後加上去的。
彭湃的母親，一九六六年還活著。成立中華人民共和國後，曾應邀到北京，毛澤東曾寫「革命之母」匾額相贈，但據説在文化大革命時以有過反動行為而受到嚴厲判（請參關一九六六年九月十五日『星島日報』）。
㉕侯楓，前引書，三八頁。
㉖鍾貽謀「海陸豐農民的八年戰鬥」，一八一頁。
㉗鍾貽謀『海陸豐農民運動』一二四—五頁。
㉘玉德「彭湃同志傳略」四六頁説：一九二〇或一九二一年，彭湃同志是共產黨組織中最積極的幹部之一。他入黨以後曾在廣州勞工中作過短期間的宣傳工作。他回鄉以後，至於一九二三年秋天旅行香港之前，沒有離開過東江地區。此次到香港，是因為當時陳炯明被雲南、廣西軍逐出廣州以後的事，怕被陳炯明懷疑通敵，所以沒有前往廣州。因此如果於一九二〇、二一年左右入黨的話，只有在其回路途中才

有入黨的機會。

㉙鍾貽謀『海陸豐農民運動』一〇頁。

㉚彭湃，前引書，六一—六七頁。

㉛彭湃，前引書，六五—六九頁。

㉜彭湃，前引書，七〇—七五頁。

㉝彭湃，前引書，七五—八〇頁。

㉞彭湃，前引書，七九頁。

㉟Pen-Pai, "Memories of a Chinesse Communist," P.118.

㊱Pen-Pai, "Memories of a Chinesse Communist," P.68,78.

㊲Pen-Pai, "Memories of a Chinesse Communist," P.78.

㊳彭湃，前引書，八六頁以下。『嚮導週報』第七十期（一九二四年六月十八日）所刊登，彭湃「關於海豐農民運動的一封信」說「惠潮梅農會（是有名無實）云云」。

㊴Nym Wales, oP. ci., P.200.

㊵蘇惠「彭湃同志和他領導的海陸豐農民運動」，一七四頁。

㊶Nym Wales, oP. ci., P.200.

㊷彭湃，前引書，一三二頁。

㊸同右，七六、七九、八一、一二八頁。

鍾貽謀『海陸豐農民運動』，三五頁。

㊹請參閱本文註⑯～⑱。

㊺鍾貽謀『海陸豐農民運動』，二〇頁。

㊻村松祐次「初期の中國共產黨と農民」，一五八頁以下。對於處理農民問題，第三國際執行委員會與中共中央之間，似有很大的分歧。第三國際執行委員會對中共三全大會（一九二三年）的指令（Xenia Joukoff Eudin & Robert C. North, Soviet Russia and the East, 1920～1927, a Documentary Survey, Stanf 1957, PP.344～6）說：

㈠中國的國民革命與反帝國主義戰線的建立，可以說是對於封建遺制必然有一個農業革命。革命，只要能將中國人口的基本群眾即小土地耕農引進這個運動，則能獲得勝利。

㈡於是農民問題，便成為（中國共產黨的）全部政策的中心。……

㈢因此，作為工人階級之黨的共產黨，應該與勞農攜手為目標。這個任務，唯有不斷地宣傳和採取以下農業革命標語的具體適用才能完成。換句話說，沒收地主和寺院教會之土地，將其沒有代價地給予農民，廢除令人幾要餓死的苛酷的租地契約，廢棄現行稅制和『中飽』，廢除各省間的關稅障礙，改廢包辦徵稅制度，廢止舊式官僚制，和創立要實行沒收土地的農民自治政府機構等等。（以下省略。旁點表示原文為歐文斜體字）。

可是所傳三全大會的決議要綱（波多野乾一『支那共產黨史』，日本外務省情報部辦事參考用，昭和七年，四六－四九頁）中，「關於農民利益的特別要求」卻這樣說：

(1) 地租之劃一及其減輕。

(2) 制訂限制地租的法律。承認農民協會的地租增減權。

(3) 改良水利。

(4) 改良種子及地質。由國家免費借給農民種子和農具。

(5) 決定重要農產品的最低價格。

若是，究竟以何種過程，上述第三際所指令非常激進的戰術，變成三全大會那樣的決議，這是很重要的問題。可惜的是，現在筆者手上沒有能把它弄清楚的資料。在這前後，中共方面，似無上述第三國際指令般重視農民的態度。

㊼ 小野寺機關『國共抗爭史資料』，一八〇～三、四六二～四頁。

㊽ 「支那國民革命と社會各階級」（『前烽』第二號。山口慎一譯『支那革命論文集』，東京，照和五年，引自一三頁）。

㊾ 『嚮導週報』，第三十四期（一九二三年八月一日）。

(50)『嚮導週報』，第四十八期（一九二三年十二月十二日）。

(51)羅綺園編「本部一年來工作報告概要」（『中國農民』第二期，民國十五年）。章有義編『中國近代農業史資料』第二輯（一九一二—二七），北京，一九五七年，其七六五頁說：「依中國共產黨之提案，在國民黨中央黨部設立農民部」。但以今日我們所能看到的資料，無從知道設立農民部，究竟由那一個黨主導的。

(52)羅綺園，前引報告。

(53)同右。

(54)蔣中正『蘇俄在中國—中國與俄共三十年經歷紀要—』台北，民國四十五年，三二頁。Chiang Chung-cheng, Soviet Russia in China, a Summing Up at Seventy, New York, 1957., P.31.

(55)鄒魯『中國國民黨史稿』，上海，民國十八年，上冊，三八六頁。此係根據波多野乾一『中國國民黨通史』，東京，昭和十八年，二八九頁的日譯文。

(56)羅綺園，前引報告書。

(57)同右。樊百川「中國共產黨成立初期的農民運動」說：「共產黨員羅綺園任秘書，彭湃為幹事兼東江特派員，阮嘯山為幹事兼江西特派員」。

(58)同右。

㊾人民出版社「第一次革命戰爭時的農民運動」，一四三頁以下。
㊿小野寺機關『國共抗爭史資料』，三六九頁。
(61)請參考章有義編，前引書，六七六頁。
(62)羅綺園，前引報告。
(63)賀揚靈『農民運動』，第四編，五三—七一頁。
(64)羅綺園，前引報告。
(65)人民出版社『第一次國內革命戰爭時期的農民運動』，二〇頁以下。「農民部農民運動委員會第一次會議錄」（『中國農民』第四期，民國十五年四月）有名簿。省別細目的總和只有三百一十三人。故說畢業生三百一十八人可能不正確。
(66)鄒魯，前引書，上冊，三八六頁。
(67)「本部特派員大會之決議案」（『中國農民』第一期，民國十五年）。人民出版社，前引書，一八六頁。
(68)人民出版社，前引書，一三九頁以下。波多野乾一『中國國民黨通史』，二八九頁。但國民黨員和革命軍不一定都對農民運動持善意態度，譬如像廣寧時廣東政府任命的縣長和駐屯軍的軍官，同情地主的例子，可能還有不少。
(69)劉秉粹『革命軍第一次東征實戰記』，上海，民國十七年，八七—九頁。
(70)同右，一八〇頁。

(71) 同右，一九七頁。

(72) 同右，一五三、一七二、一九六頁。

(73) 同右，二〇五頁。

(74) 同右，二〇八頁。

(75) 鍾貽謀『海陸豐農民運動』，三一—二頁。
作者不詳『海陸豐蘇維埃」，五頁。

(76) 劉秉粹，前引書，三三七頁。

(77) 陳少白編『海陸豐赤禍記』，廣州，民國二十一年，四—五頁。
國民革命軍第十六師政治訓練處『海陸豐平共記』，二八頁。但鍾貽謀「海陸豐農民的八年戰鬥」一九六頁卻說就任於一九二六年。

(78) Nym Wales, oP. Cit., P.201.

(79) 鍾貽謀『海陸豐農民運動』三六頁。

(80) 蘇惠「彭湃同志和他領導的海陸豐農民運動』，一七四頁。

(81) 鍾貽謀「海陸豐農民的八年戰鬥」，一九一頁。

(82) 『中國農民』第四期（民國十五年四月）刊有普寧縣的例子。（人民出版社，前引書一五八頁以下也有此項資料）。

(83) 賀揚靈『農民運動』，第四編，二〇頁。

㊹鈴江言一『中國解放鬥爭史』，五一四頁。
㊺人民出版社，前引書，一七八頁。
㊻同右，一八五頁。
㊼同右，一七一頁。
㊽同前註。
㊾村松祐次「初期の中國共產黨と農民」，一六—二頁。鈴江言一，前引書，一二二頁。
㊿請參考本書九四頁以下。
⑼鍾貽謀「海陸豐農民的八年戰鬥」，一九一頁。
⑽同右。
⑾鍾貽謀『海陸豐農民運動』，四〇—二頁。
⑿第一次廣東省農民大會「農民協會今後進行方針議決案」中的話（人民出版社，前引書，一八八頁）。
⒀彭湃，前引書，七一頁以下。
⒁同右。
⒂鍾貽謀『海陸豐農民運動』，四〇頁。
⒃同右，四二頁。

⑨⑨ 前引『海陸豐蘇維埃』，八頁。
⑩⑩ 同右，八－九頁。
⑩① 鍾貽謀「海陸豐農民的八年戰鬥」，一九三頁。
⑩② Nym Wales, Red Dust, P.203ff.
鍾貽謀『海陸豐農民運動』，四二－三頁。
⑩③ 前引『海陸豐蘇維埃』，九頁。
⑩④ 同右，一〇－一一頁。
⑩⑤ 鍾貽謀『海陸豐農民運動』，四三頁。
⑩⑥ 中國國民黨廣東省黨部宣傳部「中國國民黨廣東省黨部成立之經過，民國十四年，五五－五六頁。
⑩⑦「中國國民黨湖南區第六次代表大會宣言」（一九二六年十月二日），人民出版社，前引書，三二二頁。
⑩⑧ 橘樸『中國革命史論』，昭和二十五年，一五八、二三四頁。
⑩⑨ 引自「湖南民眾團體請願代表團的報告」（『嚮導』第一九九期，湖南政變特號，一九二七年六月二十二日），人民出版社，前引書，三一四頁。黨組織雖然正式這說，每一個貧農因土地分配對自己有利，故會支持，但是否希望「土地國有」，則有疑問。筆者認為，名副其實地將其理解為共產黨組織之成員的「過火」，太急於

這樣做可能比較合乎事實。

(110) Nym Wales, Red Dust, P.202.

(111) 「廣東省農民一年來之奮鬥報告大綱」（『中國農民』第六、七期合刊，民國十五年七月）。魯依說紳士層反抗的高漲與國民黨的右傾化有關係（Manabendra Nath Roy, Revolution and Counter-Revolution in Chian, Calcutta: Renaissance Publishers, 1946, P.494ff）。

(112) 前引「廣東省農民一年來之奮鬥報告大綱」。

(113) 賀楊靈，前引書，第三編，八二頁以下。

(114) 『中國農民』第六、七期合刊，民國十五年七月。

(115) 鈴江言一，前引書，五三四頁。

(116) Cf. Nym Wales, Red Dust, P.209.

(117) 玉德「彭湃同志傳略」，五〇頁。

(118) 「農民部農民運動委員會第一次會議錄」（『中國農民』第四期，民國十五年四月），「同第二次會議錄」（『中國農民』，第五期，民國十五年五月。）

(119) 同前註。

(120) 人民出版社，前引書，二二頁。

(121) アグネス・スミドレー著，阿部知二譯『偉大なる道—朱德の生涯とその時代—』

上卷，東京，一九五五年，二〇一頁。

⑫2 斯諾夫人著，華侃譯『西訪問記』，上海，一九三九年，一六七—八頁（Nym Wales, Lives of Revolution的中譯本）。

⑫3 王德，前引書，五〇頁。

⑫4 波多野乾一，前引書，一五六—七一頁。Eudin & North, oP. Cit., PP.356~64.

⑫5 第三國際在不知道第一優先和第二優先會二律背反地作用有很大的責任。譬如一九二六年十一月三十日在第三國際執委中國委員會的史大林演講說：「我知道在國民黨員之間，甚至在中國共產黨員之中，有人耽憂如令農民參加革命，將會破壞反帝國主義統一戰線，而不認為在農村能自由展開革命。各位同志，這是很錯誤的想法。中國的反帝國主義戰線，將更加有力，更有威力」（大月書店日譯版『スターリ全集』第八卷，四一四頁）。因此說應該立刻滿足農民的要求。雖然知道會發生二律背反的作用，但如果能理解必須彈性操作這兩個要求（有如日後的抗日民族統一戰線時候），筆者相信第三國際不會那麼正式地同時強求中國共產黨作這兩種要求。當時，就中共而言，由於第三國際的權威是絕對的，所以愈忠於第三國際的正式指示，其領導者則更加困惑（請參考藤井高美「武漢時代における國共關係」（『法學論叢』，第六十二卷第六號）；Benjamin Schwartz, Chinese Communism and the Rise of Mao, Cambridge, 1952, P.63ff., Robert C. North, Moscow and the Chinese Communists, Stanford, 1952, P.91ff.

⑯ ミフ著，島田元磨譯『中國革命』，日本外務省東亞局第二課執　參考用。昭和九年，二一五—六頁。

⑫ 桑島主計，前引報告書。譚平山出席第三國際第七次擴大中執委會議後剛回到中國。因此他與攜帶此項決議前往中國的魯依，最理解第三國際的方針。譚平山主張第一案，而且可能挾第三國際的權威出席，可是反對聲浪還是很大，可見這個第三國際的決議，可以作各種各樣的解釋。

128 桑島主計，前引報告書，九〇頁。

129 E. Snow, Red Star Over China, rev. ed. (Modern Library), 1944, P.162.（宇佑美誠次郎日譯本，一一五頁）。

130 Ibid., PP,161~162.（日譯本，一一四頁）。

131 ミフ，前引書，二一六頁。鈴江言一，前引書，五四二—三頁。橘，前引書，一一三頁，至於第二案究竟是誰的主張，怎樣出現的，不得而知。

132 E. Snow, OP. Cit; P.162.（日譯本一一五頁）。鈴江言一，前引書一六九頁把譚延闓說成為委員長，不知道對不對？（譯者註：應該是譚平山，不是譚延闓）。

133 玉德，前引文，五〇頁。

(134) M. N. Roy, My Experiences in China, Calcutta, 1945, P.56.

(135) 桑島主計，前引書，四五—六頁。

(136) 關於八・七會議，石川忠雄「大革命敗退直後における中國共產黨について」（『法學研究』，第二十七卷第八號，昭和二十九年八月）五—八頁，以及R. North, oP. Cit., P. 110ff.皆很值得參考。

(137) 安原祺博（大阪對支經濟聯盟編）『ソ聯邦と支那滿洲の共產運動』，東京，新光社，昭和九年，三一四頁。此外，鈴江言一，前引書，二四五頁也主張南昌說。

(138) 關於彭湃、李立三、譚平山、惲代英在南昌事，請參閱郭沫若『海濤』，上海，一九五一年，三二—三頁。

(139) 關於張國燾離開武漢前往南昌事，請參考蔡和森「黨と日和見主義」（山口慎一譯『支那革命論文集』，東京，一九三〇年，一七一頁），スメドレー「偉大なる道—朱德の生涯その時代』，上，二一六頁。

(140) 關於周恩來，譬如郭沫若，前引書，三一頁。

(141) 在日本的資料中，為此說之根源的，從時期來看，最早的記錄應該是桑島主計的前引書，九一頁的記述。在中共方面是，梁寒冰『中國現代革命史教學提綱』（天津，一九五五年），八七頁；何幹之『中國現代革命史』，上（北京，一九五七年），一二四頁等。

(142) R.North, oP.Cit., P.110.橘樸，前引書，二四三頁；波多野乾一（外務省情報部編）『中國共産黨一九三五年史』，昭和十一年，六四〇頁。

(143) 波多野乾一（外務省情報部編）『支那共産黨史』，昭和七年，二一〇頁推斷，出席會議者有李立三、瞿秋白、張國燾、向忠發、蘇徵兆、毛澤東、方志敏和鄧中夏；Robert Payne, Mao Tse-tang, New York, 1950, P.98 説是毛澤東、張國燾、李立三、周恩來、瞿秋白、張太雷、蔡和森、彭公達和李維漢。筆者認為，雙方都可能有幾個訛傳。毛澤東説，出席會議者有毛澤東、蔡和森、彭公達、瞿秋白等十一個人（Snow, oP, Cit,. P.166.日譯本，一一八頁）。

(144) Harold Isaacs, The Tragedy of the Chinese Revalution, Stanford, rev. ed., 1951, P.280.

(145) 郭沫若，前引書，三一頁。但朱德説，在起兵以前的七月十八日的黨秘密會議，已決定要到廣州（スメドレー，前引書，上，二一五頁。）

(146) 蔡和森，前引文，一七〇頁。

(147) 關於譚平山掌握實權，請參看郭沫若，前引書，三三頁。譚在八・七會議被批為右傾分子，又如本文所説，被追究賀、葉南征失敗的責任，而遭共産黨開除黨籍。

(148) 橘樸，前引書，二五四頁。鈴江言一，前引書，二六五頁。大塚令三『支那共産黨史』，上，東京生活社，昭和十五年，七四頁。日刊大衆新聞社『支那共産黨，一

九二五年より一九二八年までの黨生活の歴史と反對派の誤算の總覽』，一九三〇年，三五頁。

(149) 大塚令三，前引書，七六頁。

(150) Asiaticu, "Autobiography of General Yeh Ting," Amerasia, vol. V, No.1, March, 1941. 有人説葉挺到海陸豐去了（譬如波多野乾一，前引『中國共産黨一九三五年史』，五四六頁.;H. Isaacs, Five Years of Kuomintang Reaction, Shanghai, 1932, PP.117～8)，但這應該不正確。

(151) 郭沫若，前引書，三五―六頁。

(152) Robert Elegant, China's Red Masters, New York, 1951, P.108.

(153) Nym Wales, Red Dust, P.151.鍾貽謀『海陸豐農民運動』，七二―四頁。

(154) 鈴江言一，前引書，二四九頁。

(155) H. Isaacs, oP. Cit., P.281.

(156) 鈴江言一，前引書，二六二頁。

(157) 前引『海陸豐蘇維埃』，一三頁。

(158) Nym Wales, Red Dust, P.204.

(159) 前引『海陸豐蘇維埃』，一一頁。

(160) Nym Wales, oP. Cit., P.203.

⑯1 前引『海陸豐蘇維埃』，一三—六頁。

⑯2 同右，一七頁。

⑯3 鍾貽謀『海陸豐農民運動』，五五頁。國民革命軍第十六師『海陸豐平共記』，三〇頁。

⑯4 Nym Wales, oP. Cit., P.204.前引『海陸豐蘇維埃』，二一頁。

⑯5 鍾貽謀『海陸豐農民運動』，五七頁。據說手製的槍每每會走火自己受傷（Nym Wales, oP. Cit., P.204.）

⑯6 前引『海陸豐蘇維埃』，一五頁。

⑯7 鍾貽謀『海陸豐農民運動』，三一、九八頁。同「海陸豐農民的八年戰鬥」，二〇二頁。

⑯8 劉秉粹，前引書「自序」。

⑯9 前引『海陸豐蘇維埃』，二二—三頁。Nym Wales, Red Dust, P.206ff.之反攻失敗的回憶，說是農曆七月十五日或十六日，但這可能談第三次反攻的事。

⑰0 同右，二四頁。

⑰1 Nym Wales, oP. Cit., 205.

⑰2 前引『海陸豐蘇維埃』，二五頁。

⑰3 鍾貽謀『海陸豐農民運動』，五九、六五頁。

⑭ 范卓「大革命前後革命鬥爭的片斷回憶」(『中國共產黨在中南地區領導革命鬥爭的歷史資料』,第一輯,武漢,一九五一年),一二八—九頁。可能是訛傳,Nym Wales oP. Cit., PP.204~205這樣說:「大約一百人的海豐部隊士兵匯流於江西軍。爾後在靠近江西的汕頭成立臨時人民政府。郭沫若與宋慶齡獲選參加這個政府。吳振民率領自衛軍,與江西軍一起攻擊汕頭,一九二七年冬戰死」。

⑮ 前引『海陸豐蘇維埃』,二九—三一頁。

⑯ 同右。

⑰ 同右,三二頁。

⑱ 鍾貽謀『海陸豐農民運動』,六六—七頁。

⑲ 同右,六六—九頁。關於攻擊縣城的部署,鍾貽謀的敘述與國民革命軍第十六師編,前引書三一頁的敘述,有很大的不同。列其要點如左,以供參考。前者的紀錄為:「劉琴西、林道文為正副指揮,分四路進攻。㈠以郭基寬麾下第四中隊為主力從北路;㈡彭桂麾下農軍從西路;㈢吳禮式麾下武裝農民攻南門;㈣林道文、劉琴西、楊望等農軍各由東北進攻」。後者的敘述為:「公平地設置所謂『工農革命救黨軍大元帥行營』。劉冀為總指揮兼第一路指揮;蔡星為第二路指揮;劉漢西為第三路指揮;葉子新為第四路指揮;陳醒光為第五路指揮;彭小傑為第六路指揮。林道文偽大元帥,因為跌倒其腳受了

傷」。

⑱⓪ 前引『海陸豐蘇維埃』，三四—六頁。

⑱① 同右，三八頁。

⑱② 同右，三八—九頁。

⑱③ 前引『海陸豐蘇維埃』，四一—三頁。

⑱④ 鍾貽謀『海陸豐農民運動』，七四—五頁。

⑱⑤ 前引『海陸豐蘇維埃』，四四—八、六〇頁。

⑱⑥ 鍾貽謀『海陸豐農民的八年戰鬥』，二〇七—八頁。

⑱⑦ 前引『海陸豐蘇維埃』，四三頁。

⑱⑧ 前引『海陸豐蘇維埃』，五七頁。

⑱⑨ 彭湃，前引報告，四四頁。

⑲⓪ 所謂東江革命委員會，是否海豐縣臨時革命政府的上濼機關？黨中央十一月決議說：「游擊的農民暴動要交互實行襲擊和移動，因此其指導機關是具有臨時政權之性質的革命委員會云云」（橘樸，前引書，二六三頁）。

⑲① 鍾貽謀『海陸豐農民運動』，七九：八〇頁。前引『海陸豐蘇維埃』五九頁說，以董朗為工農革命第二師第四團團長，東江革命委員會代表只有劉琴西。但鍾氏是當時的見證人，同時看過『海陸豐蘇維埃』這個文獻才著作此書，應該比較可靠，故

暫時採納鍾氏的説法。
⑲② 前引『海陸豐蘇維埃』，六〇頁。關於此次戰勝之凱旋軍的歡迎會，前引『海陸豐蘇維埃』雖然説是十一月二十一日，惟以註⑲①同樣的理由，筆者還是接受鍾氏二十日的説法（鍾貽謀『海陸豐農民運動』，八一─二頁）。
⑲③ 前引『海陸豐蘇維埃』，五七頁。
⑲④ 鍾貽謀『海陸豐農民運動』，八四─五頁。
⑲⑤ 同右，八五頁。
⑲⑥ 同右，八四─六頁。
⑲⑦ 桑島主計，前引書，二八一頁。瞿秋白「廣州暴動之意義與教訓」（『中國革命與共產黨』，一九二八年，二四四頁）。
⑲⑧ 鍾貽謀『海陸豐農民運動』，八六、九七頁。
⑲⑨ 鍾貽謀『海陸豐農民運動』，八六─七頁。
⑳⓪ Kim San & Nym Wales, Song of Ariran, P.243.（安藤次郎日譯本，四一二頁）。
⑳① 鍾貽謀『海陸豐農民運動』，七五頁。
⑳② 鍾貽謀『海陸豐農民的八年戰鬥』，二〇七頁。
⑳③ 前引『海陸豐蘇維埃』，五一頁。
⑳④ Kim San & Nym Wales, oP. Cit., P.103（日譯本，一八八頁。鍾貽謀『海陸豐農

民的八年戰鬥』二一〇頁說是十二月十九日，Nym Wales, Red Dust,PP.145,151卻說一月。

(205) R. North, Moscow and Chinese Communists, PP.114,117～8.

(206) 國民革命軍第十六師，前引書，八七頁。但Nym Wales, Red Dust,P.151卻說師長葉鏞，黨代表Yuan Yu, 王侃為政治部主任。

(207) Nym Wales, Red Dust,p157.

(208) 鍾貽謀『海陸豐農民運動』，一〇四頁。

(209) Kim San & Nym Wales, oP.Cit., P.110.

(210) 請參閱本文第一九頁。

(211) Kim San & Nym Wales, oP.Cit., P.110.（日譯本，一九九頁。這是一九二八年初的見聞，註(165)是一九二七年夏天以前的見聞。

(212) 同右。

(213) 鍾貽謀『海陸豐農民運動』，九八頁。

(214) 同右，一〇二頁。「反動派殺盡案」之死刑的主要對象為：貪官污吏、土豪劣紳地主、密探、宣傳員、警察、保安隊、通信員、徵稅承包人、敵機關工作者，隱藏敵人或反革命分子者、有利敵行為者（前引『海陸豐蘇維埃』八二－三頁）。國民黨方面的資料說，其殺人條例還包括盲人和老人（國民革命軍第十六師，前引書，三四頁；桑島主計，前引書，四三五頁），但可能是國民黨的宣傳或誤解（請參看鍾貽謀『海陸豐農民運動』，一一三頁。）

⑮ Kim San & Nym Wales, oP.Cit., P.107.（日譯本，一九三一四頁）。

⑯ 日譯『毛澤東選集』，第一卷，三一書房版，一九五二年，三五頁。

⑰ 前引『海陸豐蘇維埃』，四九、八〇－四頁。

⑱ 同右，八六頁。

⑲ 同右，三六頁。

⑳ 橘樸，前引書，二五三頁以下。鈴江言一，前引書，二五〇－七〇頁。毛澤東以未實施屠殺土豪劣紳的方針為理由，被追究秋收暴動失敗的責任，而被免去中央臨時政治局候補委員就是這個時候。

㉑ 國民革命軍第十六師，前引書，三三頁。

㉒ 鍾貽謀『海陸豐農民的八年戰鬥』，二〇七－八頁。

㉓ 瞿秋白，前引書，二四三頁。石川忠雄，前引論文，二二頁。

㉔ 前引『海陸豐蘇維埃』，五二－三頁。

㉕ 前引『海陸豐蘇維埃』，二頁。

㉖ 這是當時國民黨軍的將領，完全沒有注意海陸豐蘇維埃的旁證。陳銘樞的部下蔡廷鍇，轉戰於五華、老隆、河源時的紀錄，對海陸豐隻字未提（『蔡廷鍇自傳』，民國

三十五年，二二七—八頁）。

(227) 鍾貽謀『海陸豐農民運動』九九頁以下，有攻克一氏族團結採取反共態度的山中村落小城，和戰勝國民黨軍小部隊的例子。

(228) 為發展勢力，共軍曾向惠陽縣下橫坑進軍，但一個月後卻被國民黨軍收復（同右，一〇六頁）。

(229) Kim San & Nym Wales, oP.Cit., P.111.寫成Tsai Ting-Kai，並註腳為蔡廷鍇，惟因與蔡騰輝的音很像（其實不像—譯者）而有此誤聞。

(230) 鍾貽謀『海陸豐農民運動』，一〇九—一四頁。

(231) 鍾貽謀『海陸豐農民運動』，一一一頁。

(232) Kim San & Nym Wales, oP.Cit., P.111.（日譯本，二〇〇頁）。

(233) Ibid PP.111～14.（日譯本，二〇八—一一二頁）。

(234) Nym Wales, Red Dust,p151.

(235) Kim San & Nym Wales, oP.Cit., P.122.（日譯本，二一九頁）。

(236) 國民革命軍第十六師，前引書，四九—七七頁有它的討伐記錄。據說，此時，在井崗山的毛澤東，曾派其胞弟毛澤潭去採聽海陸豐的殘軍（R-Payne, Mao Tse-tuny, P.102.）。

(237) 高山洋吉譯『武漢時代と支那共產黨』，昭和四年，三〇一—一一二頁。

(238) 桑島主計，前引書，二八一頁。

(239) 丁豐人編『廣東農民英模』，廣州，一九五〇年，一三頁説，一個名叫鍾之香的農民兵，於一九二九年農曆二月，在海豐見到彭湃。

(240) 南滿洲鐵道株式會社總務部調查課『所謂紅軍問題』，大連，昭和五年，二七七頁。此外，外務省亞細亞局『支那滿洲に於ける共產運動概況』，昭和七年，一一二頁説是南山特區。

(241) 南京領事館『支那共產黨及共產匪に關する研究資料』(鋼版)，昭和五年，資料十一。

(242) 桑島主計，前引書，二八一、四二六頁。

(243) 鍾貽謀『海陸豐農民運動』，一二〇—一三頁。

(244) 南京領事館，前引資料，第十四。大塚令三，前引書，下卷，一九頁説，軍長古宗道、政治委員古大存、宋青田、劉光華等。

(245) Nym Wales, Red Dust,P.63,88.

(246) 波多野乾一『中國共產黨一九三四年史』，二九四頁的附錄表。

(247) 山本秀夫賜教及李藍天「海陸豐革命概況」。

(248) 『毛澤東選集』，第一卷，人民出版社，一九九一年，五二頁。

(249) 同右，五三頁。

(250) 在中國的山中地區，小商人主控著流通網，能與他們為夥伴，則很容易買到物資。如前面所述海陸豐蘇維埃公然以小資產階級為敵，與毛澤東的作法相當不同。

(251) 「井崗山的鬥爭」（『毛澤東選集』第一卷），雖然很委婉，對黨中央表示強烈的不滿。

(252) Kim San & Nym Wales, oP.Cit., PP.106～7.（日譯本，一九二—三頁）。

(253) Nym Wales, Red Dust,PP.206～7.

(254) Ibid, P.209.

(255) 桑島主計，前引書，四二四頁。

(256) Kim San & Nym Wales, oP.Cit., PP.107,122.（日譯本，一九三、三一九頁）。

(257) Nym Wales, oP. Cit., PP.150～2.

(258) 桑島主計，前引書，二八一、四二五頁。

(259) Nym Wales, oP.Cit., P.203.丁豐人，前引書，二頁。

(260) 根據慶應義熟大學學籍簿。

(261) 小野寺機關，前引書，三六三—四，四八三—四頁。侯楓，前引論文，四五頁。

(262) Nym Wales, oP.Cit., P.151.

(263) 侯楓，前引論文，四五頁。

補註：正在校對本文時，出版了楊丙昆「中國第一個紅色政權—海陸豐蘇維埃」

(『歷史研究』，一九五八年第八期，一九五八年八月)。看其註解，使用著『布爾什維克』等在東京很難見到的資料。要瞭解今日中國共產黨的海陸豐蘇維埃觀，這篇論文很有幫助。

第三章　南京事件與日本和美國

前言

一九二七年三月二十四日，直魯聯軍從南京敗退，國民革命軍的先鋒接踵攻入南京。同日，發生了對外國人的大規模暴行掠奪的事件。除警戒中的日、英、美三國海軍軍人中有若干死傷者外，外國人中死者英國人三人、美國人（金凌大學副校長威廉（John E. Williams）），法國人和義大利人各一人，負傷者日本人二人（根本駐華武官輔佐官和木村領事館警察署長），英國人二人（包括領事加以爾斯（Bertram Giles）以及兩個美國人①。

本文以敘述南京事件善後時，日本政府和美國政府所採取的態度。

第一節　事件之經過及其解釋

一、中華人民共和國的正式解釋

一般來說，在中華人民共和國，多說惹起這個事件的不是南軍即國民革命軍。譬如廣爲流傳的胡華的『中國新民主主義革命史』便這樣說：

「三月二十四日，有共產黨人（以林伯渠（即林祖涵）、李富春爲主要代表）參加領導和作戰的第六軍和第二軍，擊潰了麕集南京的十幾萬直、魯聯軍，收復南京。在反動軍隊逃竄時，南京城內發生搶劫。當天夜間，英、美、日、法、意等國領事，藉口僑民及領事館受暴民侵害，下令停泊下關江面的各國軍艦開炮向南京城內轟擊，毀房屋財產甚多，中國軍民死傷兩千餘人」②。

同樣爲許多人所閱讀之陳伯達的『人民公敵蔣介石』並沒有提到暴行掠奪，而只說：「當北伐軍攻下南京的時候，美、英軍艦向南京開砲轟擊，連日不絕，……」③。

二、外國人看南京事件

可是外國的資料，卻與中華人民共和國方面的說法完全不同。外國的說明，不管是官方的還是報紙的報導，都大同小異，因此我要根據日本外省紀錄④，來敘述以日本爲中心的經過要點。

⑴在下關的情況

三月二十四日上午七時，南軍的先頭部隊（第十七師楊杰部），向停在下關的外國艦船射擊。

七時五十五分，江岸的北軍悉被掃蕩。南軍轉而射擊各國躉船。

八時十分，警備日清汽船公司之躉船的後藤一等機關兵中彈殉職。日方未抵抗避難，南軍士兵破壞和掠奪避難日人的手提行李等。

下午三時四十分，英美軍艦開始砲擊，一小時射彈大約二百發。武漢政府稱死傷二千多人，其他資料稱蔣介石說大約死六人負傷十五人⑤。當時日本驅逐艦「桃」和「檜」拋錨中，驅逐艦司令吉田數雄中佐不清楚南京城內的日人情況，砲擊城內可能造成日人傷亡，故未參加砲擊。

(2)在南京的情況

三月二十三日黃昏，北軍的影子完全由日本領事館前面消失。領事館有館員及一百多名日僑避難在這裡，爲著通信聯絡，由軍艦派來了大尉荒木龜男以下十一人到領事館。領事以下一般認爲，北軍敗退時有遭到暴力行爲的危險性，而南軍一到便沒有這種危險。事實上，兩三天前南軍佔領上海時，意圖暴行掠奪的是北軍的敗兵，並沒有南軍正規軍與列強的摩擦。因此，北軍一後退，爲著防止挑起民眾和南軍的敵愾之心，領事森岡正平自動要求荒木大尉撤除防備，荒木同意撤掉機關槍座，解除警戒隊的武裝，並將武器全部收起來。

三月二十四日上午七時左右，南軍一隊前來領事館，詢問有沒有北軍，爾後靜靜地離去。大家放心，同時打開館門。

爾後沒多久，大約五十名南軍正規軍入侵開槍，開始掠奪和動粗。這是尼克拉也夫斯克事件記憶猶新的時候，故避難民眾懇求荒木大尉不要使用武力。繼而入侵的南軍達到一百至二百名左右，人人喊「打倒日英帝國主義」、「華蘇一體」等口號，繼續開槍和搶奪。在這過程中，包括女性小孩，許多一般中國人也跟著士兵掠奪。根本陸軍少佐與木村警察署長負傷，有些人被用槍托等毆打。臥在病床上的領事森岡，甚至被剝走睡衣，被狙擊二槍，但未打中。

上午十時半左右，第二軍第六師黨代表兼政治部主任蕭勁前來毆打和制止暴行兵，並向領事森岡表示歉意。後來第六師長戴岱亦來，配置五名警戒兵，並留下幾張如左告示而去。

「此為外國居留民住所，不許進入。違反者立即槍殺。

師長戴岱（印）

黨代表蕭勁（印）」

三月二十五日上午十時半，由吉田司令所率領的救援隊到達。同日，國民革命軍總司令蔣介石抵達南京，見到掠奪兵即予以槍殺，並解散共產黨南京支部。但排外暴行仍未停止，在京日本軍官民全部撤離到驅逐艦。撤離直前，楊杰往訪日本領事森岡：「表示歉意，並說掠奪是南京共產黨員煽動嚮導惡兵所為」⑥。

以上所說與中共的解釋比較，可以指出以下兩點：

第一是有沒有掠奪暴行的事實？關於這一點，外國的官方文書和報導不但一致舉出這個事實，而且胡華也承認這個事實，所以應該沒有疑問。第二，掠奪暴行究竟是何支軍隊所為？外國紀錄大致都說，北軍敗退後，南京正規軍攻進南京，後馬上發生這樣的事件。反此，當時在武漢的國民政府則堅決主張係北軍之所爲⑦。但外國的多數罹難者都說和寫這是南軍正規軍所爲。即使退一百步來說，假定北軍的士兵偷穿南軍的制服，在掠奪暴行非常興奮時刻，北軍士兵能否很順口地喊出「打倒日英帝國主義」、「華蘇一體」的南軍口號，實不無疑問。在南軍軍隊陸續進入城內時，能夠堂堂地掠奪暴行幾個小時，簡直不可思議。

問題是，這個事件究竟是因戰場心理而自然發生的，還是基於某種意圖由上面命令有組織地所從事的。不過目前，似尚無是項能夠作爲其根據來作推測的有力資料。或許是單純地自然發生的，即平常被灌輸反帝國主義思想的南軍官兵，被戰場的異常心理所驅使而出於掠奪粗暴行爲，上級指揮官無法抑制而放任所導致。或者受上級指揮官之命搜查北軍殘兵，因某種契機而演變爲排外的掠奪暴行也說不定。或許上級指揮官的意圖，只是想找外國人的一些麻煩而已，但結果卻變成大規模的掠奪暴行，而無從制止。也許是如後面所說蔣介石派和日本政府的解釋是正確的；相反地，或許爲著推開南京政府的責任，和製造鎭壓共產黨的口實，蔣介石派在故意強調共產黨的煽動。現在我們祇能說，蔣介石、白崇禧、何應欽等高級指揮官，非常耽憂與外國的摩擦，因此曾極力阻止外國的干涉。

三、日本政府的解釋

美國政府對於這個事件的解釋，認爲這是南軍士兵以外國人爲目標的掠奪暴行事件。譬如成為美國政府正式見解之基礎的美國駐南京領事戴維斯（John K. Davis）的報告說，「毫無疑問地」在美國領事館等惹起事件的是國民革命軍的正規軍，他們是奉命行動的。這在其他地方也是一樣，沒有一個外國人受到北軍殘兵的傷害⑧。

反此日本政府的解釋卻大不相同。這可能來自森岡領事的以下報告。

「此次南京的掠奪事件是，第二軍、第六軍和第四十軍（魯滌平、程潛、賀耀組）中的黨代表及共產黨下級軍官與南京共產黨支部黨員，事先計畫和準備，並由南京共產黨支部黨員嚮導，特別以外國領事館、教會、有關學校及其他一般外國人為目標所行有組織的排外暴動，中國人幾乎沒有受害。蔣介石以下各軍長、師長等對本事件表示非常遺憾，並努力於十分取締的誠意，當可理解，惟赤化思想相當瀰漫於下級軍官以下軍隊的大部分，時至今日實惡化至幾無收拾之餘地，此種看法似為公平之判斷……」⑨。

而幣原喜重郎之完全接受上述之報告，從左列他給日本駐歐美各國大使電報可以窺悉：

「……共產黨人對蔣介石之陰謀極為盛行，而南京事件之欲使蔣陷於困局，進而使其垮台的苦肉計，……從各種情況來判斷則不難想像，……。⑩

換句話說，美國將南軍當作整體來看，日本則把它分成共產派和反共派，認為南京事件的責任應該歸於共產派。日本的這個解釋，與國民黨右派（我們暫時把曾經因爲反共而被廣東政府排除的右派集團，以及蔣中正派總稱爲國民黨右派）的解釋，完全一樣。不過應該注意的是，國民黨右派爲著要把列強的箭頭轉向共產黨，需要把事件的責任推給共產黨，但日本政府卻沒有必要這樣做。如果日本政府覺得在政策上需要以歪曲事實來責難甚至壓共產黨或容共的武漢政府，則後面所說一月間英國之要日本與其共同出兵是一個最好的機會，四月間的所謂漢口日本租界襲擊事件，更是不必歪曲事實的極好口實。可是事實上，如後面所述一月間日本拒絕出兵，四月間回應武漢政府所提出部分地區解決案，以進行和平的交涉。若是，在這期間，自沒有理由只對南京事件故意有所作爲。不僅如此，我們如果詳細分析森岡領事與幣原外相的來往文書，就會發現這些並沒有故意作僞的痕跡。有一點應該提到的是，森岡作爲共產黨煽動的論據，主要的係根據前述楊杰的話，因此其根據不能說是很可靠，而從南京撤退後在上海養病的森岡領事所能取得的情報，大多來自國民黨右派的系統，基於這一點，他的判斷或許在不知不覺之中受到國民黨右派的影響是可能的。

以上是論理上的推論。如果讓我大膽地想像，對於反帝國主義情緒高漲的國民革命軍士兵，隊內的共產黨員，和隊外的南京共產黨支部黨員，在某種程度上很可能都曾予以煽動或作了嚮導。在他們的腦子裡，也許有以實力把英國在漢口和九江的租界順利收回的意念。但與其說是它出自要使中正陷於絕境的深謀遠慮，不如說是排外情緒衝動地爆發時，共產黨員站在其先鋒，可能更接近事實。

事件的眞相如何，雖然無法確定，但如以下所說日本基於上述解釋的方策，實在指導了列國。爲著說明這一點，我們必須來概觀事件以前列強的態度。

第二節　北伐的進展與列強

一、英國對北伐政策

英國是一九二五年的五·三〇事件（五卅慘案）、沙基事件，以廣東政府所領導的香港、廣州的大罷工，都是多年來中國反帝國主義運動的目標。對於排英運動束手無策的英國，與廣東政府北伐的進展，遂放棄了鴉片戰爭以來以擴張權益和維護既得權益爲原則的所謂砲艦政策，並爲打開局面，於一九二六年十二月二十五日發表了備忘錄。這是因華盛頓會議以來中國情勢完全改變，因而向列強提出希望中國出現具有締結條約之能力的政府，並願意與其修改不平等條約之共同宣言的提案⑪。其中一段說：

列國應該放棄中國在經濟上和政治上的發展，必須依恃外國之保護纔有保障這種思想，並宣佈中國自己決定和公佈國定稅率時，隨時隨地願意承認其關稅自主權。列國應當放棄任何違反中國意思以強制支配中國的意圖⑫。

在此之前，廣東政府因財政困窘，乃在其統治區域片面徵收了在華盛頓會議列強同意其將來實施的二分五厘關稅附加稅。這個措施遭遇到列強的抗議，但英國的這個備忘錄卻主張立刻和無條件讓步二分五厘關稅附加稅。

雖然如此，迨至一九二七年年初，中國還是以實力收回了漢口和九江的英國租界，國民革命軍往長江下游展開了大規模的作戰，故於一月二十四日，英國宣佈將派遣三個旅的陸軍，作爲防備上海的增援軍⑬。此舉不僅受到武漢政府的強烈抨擊，連統治上海附近之北軍的孫傳芳也非常反彈⑭，日本、美國和法國也反對。

如上所述，英國雖然曾經提出劃時代的轉變政策，但在實際上爲維護其權益便調動大量軍隊，在列強之中最堅持武力干涉。

二、日本的態度

而以與英國相反的態度面對北伐的是日本。外相幣原就外交的訣竅曾經這樣說過：

不消說，日本的外交應該維護和增進帝國的權益。但同樣地對方也有權益的主張。這時，在兩者中間去儘量尋找接近我們的共識才是眞正的外交的訣竅⑮。

立足於這個原則，幣原究竟想對中國採取怎樣的政策呢？一九二七年一月十八日，他在第五十二屆國會的演說，實足於窺其全貌。他說：對於中日兩國關係的各種問題，政府全盤的方針是，第一，要尊重中國主權與領土之完整，對其內爭要嚴守絕對不干涉主義；第二，期望增進兩國之間共存共榮的關係和經濟上的合作；第三，對於中國國民有道理的希望要予以同情，以善意面對，爲其實現願意合作；第四，對於中國的現狀要採取寬大的態度，同時對於我國正當的重要利益，絕對要以合理的手段來維護，……現在對於振興貿易的問題，我想簡單地提一提。……我相信祇要不不當地侵害任何國家的利益，極力設法開展對外貿易是我國當前的最重要課題，我們的目標不是領土，而是市場，……⑯。

如果把上述方針適用於正在主張要收回國權和反帝國主義之國民政府的北伐，則立刻不得不碰到如何均衡不干涉內政和維護權益這個乍看互相矛盾之方針的問題。我覺得幣原似乎欲愼重迴避發生會成爲收回國權之口實的事端，全力維護權益，注視中國政情的好轉，以維持這個均衡。

因此，反對提出沒有經過愼重的討論，像英國對華新政策備忘錄那樣，包括放棄某種程度之權益的具體計畫方案。發表此項備忘錄之前，英國駐日大使狄禮（Sir John Tilley）曾往訪出淵勝次外務次官，要求日本同意這個備忘錄。出淵以因爲當時大正天皇病危，幣原外相長在葉山（大正天皇養病的地名—譯者），日本政府不能及時決定態度，一旦發表英國案，日本即使有意見，恐怕不能爲英國接受（即英國將主導外交權），以及中國政情還很混沌紛亂不宜隨便發表宣言等三個理由，而極力勸告英國不要發表⑰。因爲英國備忘錄，正如重光葵的《昭和之動亂》所說：雖然「英國政策的內容，與日本正在採取的對華政策同出一轍」⑱，但日本還是以上述外交技術上的三個理由來反對⑲。

日本當然也反對英國出動陸軍到上海。次（一九二七）年一月十三日，英國外相張伯倫（Sir J. Austen Chamberlain）對日本駐英大使松井慶四郎，表示需要就近的日本兵力[20]，據說英國擁有以日本派遣一個旅爲條件，擬由印度派遣一個旅的方案[21]。英國雖然決定在最壞的時候單獨出兵，但仍然要求日本出兵，傳說狄禮「幾乎每日」往訪日本外務省[22]。狄禮強調「以現今列國軍艦的共同防備還是不夠」，而幣原則認爲英國的出兵論完全基於對中國時局錯誤的判斷，因而一再表明在今日這種情況之下，日本絕對不能贊成出兵[23]。

果爾，這樣不贊成武力干涉時，中國「赤化」了怎麼辦？發生南京事件之後，與狄禮會談時，幣原曾經表示了如下的意見：

> 從中國的國民政府及其他情況來看，我不相信共產主義會遍及於全國，而即使變成共產派的天下，經過二、三年以後，也不會再是外國人不能居住貿易的危險狀態，譬如俄國革命時，歐洲各國都深怕其危險，但現今日本於幾年前就與俄國恢復邦交，今日共產主義在俄國國內居住貿易從事企業並沒有什麼危險，因此就中國而言，同樣地不會令人太恐怖[24]。

不消說，幣原之所以有這樣大膽的態度，一定因爲有以下兩種判斷所促成。

第一、國民政府的反帝國主義運動完全針對英國，對日本的態度比較友好[25]；第二，對於日趨澎湃的民族主義風潮，認爲以武力干涉不會有效果。譬如駐上海總領事矢田七太郎則批判英國在上海增強其防備隊，連日以軍樂隊帶頭在街頭遊行示威，而向日本政府報告說，這樣做只會引起中國人的反感，實際上毫無幫助㉖。

因此，日本終於沒有同意出動陸軍㉗。

在這之前，幣原很可能曾經暗中摸索既能避免摩擦又能維護日本權益的具體方策。他令因對中國問題而極為信賴的條約局長佐分利貞男，長期考察華南和華中，其目的應該在此。對於佐分利究竟作了什麼內容的報告雖不得而知，但由他於二月八日返抵東京時對記者們說：「我以為南方的運動，最後勢將統治全中國」㉘，可見其一斑。南方將能統治全中國，若以武力干涉，必將引起排日是理所當然的。

如果南方之統治全國的日子不遠，有沒有能使南方政府的對外方針變成更「穩健」的方策呢？關於這一點，矢田總領事曾於一月九日建議了一個具體方案。即在南軍仍有戰勝的餘威時，不會發生左右的分裂，但財政窮迫暫時停止軍事行動的今日，似乎已進入轉變局面的時機，因此「我認為在我方援助之下，正向著從革命軍中一併『消除』共產派和蘇共的機運前進」㉙。換句話說，日本政府表面上很消極地在靜觀，實際上很敏銳地在觀察國內黨內部的動向。

不過，對於與英國方針不同的外務省的靜觀方策，參謀本部似乎很是不滿。參謀本部於三月十三日，撰寫了一篇很長題名為〈對於中國排英運動的一個考察〉的意見書。它認為，現今的排英運動，會變成排日運動，與滿蒙權益發生衝突，所以今日英國正在焦慮時，應該自動出於友誼的態度，使其免於陷入自暴自棄，即在某種程度上應當與其保持合作以維護日本的權益，「這樣才能免於孤立無援，英國現今擁有利權不必統統放棄，則我國在滿蒙的利權亦將可以免於面對中國排外運動的危險」。

但當時外務省在外交方面的領導相當穩固，故參謀本部的這個意見對日本政府的外交並未發生任何影響。

三、美國的態度㉛

自來，美國在中國並沒有像日本和英國那樣擁有許多的特殊權益，而且其居民的大半是基督教的牧師㉜。所以，一般而言，對於中國的收回國權運動是最同情的。但一九二七年一月，陸續發生九江英國租界事件和福州事件（美國牧師被搶），因而特別關心保護其僑民的問題。不刺激中國的民族主義情緒，不違背美國國民的「親中國」㉝感情，而又能保護其僑民成為美國國務院當前的課題。而令內地的僑民撤退是唯一的安全方法。一月十三日，北京的美國公使館，賦予駐華南、華中美國領事以指示僑民撤退的權限㉞。一月二十八日左右，美國駐華公使麥克馬雷（John MacMurray），接到軍隊指揮官如下的建議：顯而易見，英國已經下定堅守上海的決心，因中國人的排外情緒美國僑民有被捲入糾紛的可能性，故從英國人撤退的地區，美國最好也能撤退。

一月二十七日，參議院外交委員會委員長玻拉（William E. Borah）發表聲明稱：必要時，將提出美國人從危險地區撤退到危險消除時爲止的案子，並認爲英國派遣陸海大軍到中國，將導致悲慘的結果。對於此項提案，美國總統柯立芝認爲，不應該由上海撤退，而主張應當防護上海㉟。

若是，美國政府是不是同意了英國防禦上海的出兵提案了呢？一月二十六日，英國駐美大使哈華特（Sir Esme Howard）往訪美國國務卿凱洛格（Frank B. Kellog），面交以歡迎共同出兵爲內容的備忘錄㊱。美國政府經過討論結果，達到海軍以外的出兵可能遭受到國會內外的指責，也將使中國反彈的結論㊲。果爾，有沒有不出兵而又能使上海免於戰禍的方法呢？於此美國政府遂向中國南北兩個政府提議，爲中立化及改變上海外國租界的地位，美國政府願意與其進行交涉㊳。對此，武漢政府只以口頭表示，國民革命軍沒有攻擊外國租界的意圖，沒有以書面回答㊴。同時，統治上海的北軍孫傳芳也沒有正式作答，只在報紙發表委婉回答，事實上被忽視了㊵。

如此這般戰線逐漸接近了上海。美國政府終於在提案上海中立化的同時，決定派遣大約一千五百名海軍陸戰隊到上海。這個部隊於二月二十四日到達上海港口㊶，美國駐上海代理總領事高斯（Clarence E. Gauss）以上海市的情況沒有登陸的理由，不許他們上陸㊷。由此可見美國政府如何細心注意不刺激中方。三月二十一日下午，美國陸戰隊才登陸，這是國民革命軍到達上海郊外以後的事㊸。

總之，美國選擇了日本和英國對華政策的中間路線。根據資料顯示，英國和美國都沒有想到：國民黨內左右分裂時，援助右派以維護其權益的政策㊹。

第三節　從南京事件到四·一二政變

一、矢田、蔣交涉

三月二十四日發生事件，二十六日幣原便向駐蕪湖的藤村代理領事發出，要其與蔣中正見面，建議蔣氏趕緊收拾局面的訓令㊺，當時蔣氏在蕪湖。因陰錯陽差蔣氏出現於上海，乃改由在上海的矢田透過黃郛與蔣氏接觸。

起初，在蕪湖的蔣氏一接到發生事件的報告，即立刻命令其部下林石民前往蕪湖日本領事館，面告蔣氏將負全責解決事件㊻。他在南京祇有幾個小時，爲著維持上海的秩序和解決事件，遂前往上海。也許由於相信當時在南京所得到的報告，蔣氏一時發表說，南京事件係山東軍宣傳部長何海鵬所爲，外國人的損失不會太大㊼。

三月二十七日，矢田與黃郛會見㊽。矢田建議蔣氏自動並迅速收拾局面。二十七日晚上，黃郛電告矢田：蔣氏接受黃郛的忠告，擬派交涉員前往有關國家領事館，去表示歉意，並聯絡說，隔（二十八）日上午十一時，蔣氏要在交涉署與矢田會面。二十八日，矢田前往交涉署，因門衛欲以一般會客處理，故未見面就回去。後來雖以電話道歉，但矢田沒有去㊾。當天晚上，黃郛往訪矢田表示，蔣氏理解日本的勸告，惟因共產派意圖搞垮蔣氏，所以不能馬上聲明處罰和賠償。三十日，矢田再次與蔣氏會面。蔣氏明白表示就事件願意負全部責任，以及就維持上海附近治安要嚴格取締㊿。

四月一日，矢田把黃郛請到其住處，再次提出對蔣氏的勸告。黃郛說，應該不會有人懷疑蔣氏的誠意，問題在於其實行的力量。目前，蔣氏亟須處理的有兩個問題，一個是解決南京事件，另一個是解除工人的武裝，前者將蒙受帝國主義走狗的惡名；後者因總工會的罷工而引起混亂51。二日晚上，黃郛再次往訪矢田，說出蔣氏如下的意圖：㈠國民政府內部的整肅以及蔣氏的決心已經確定，目前召集將領熟議中，準備就緒便實行，其期間四、五天之內：㈡南京事件將於上述整肅問題即解決分離共產派問題之後馬上著手實行（黃郛要求不要在給外務大臣的電報中寫出，而說明其計畫的大概，即擬以目前在上海的中央執行委員五名，中央監察委員十名，取代武漢派的本部，並排除共產黨，而在實行上述計畫之前，首先應該要作的是解除工人的武裝）。

此外，黃郛對於事件的抗議，引用土耳其借法國援助驅逐俄國勢力的例子，說明希望日本單獨，或與法國和義大利共同抗議，因對英國非常排斥，故不要與英國抗議比較容易解決，因日本沒有砲擊，所以盼望日本協助迅速解決52。惟因四月三日突然發生漢口日本租界事件，在日本國內對幣原的攻擊由之更加激烈。於是幣原訓令矢田，日本與英國和美國採取共同行動，緩和了英美的強硬提案，同時對蔣氏勸告「現在決非拘泥於這種問題的時期」53。

日本政府一方面如上所述使蔣氏採取從列強看來很有誠意的態度，另一方面爲使蔣氏不陷於絕境，致力於說服英國和美國緩和列強的要求。

二、幣原、狄禮會談

而最強硬的是英國。英國不相信蔣氏的實力，故對具有實力的武漢政府提出有期限的最後通牒，如不接受則以實力制裁，予以壓服。反此，就日本政府為什麼堅持寬大的政策，在四月二日與英國大使狄禮的會面，幣原曾有條不紊地作了一番說明(54)。

就事件解決的方案，他認為應該以蔣氏為交涉的對象：「我相信讓南軍的中心人物蔣介石等迅速自動地聲明將基於處罰、賠償、道歉、保障的四個解決條件為原則，圓滿解決事件為上策」。

此時，如果對其強制強硬的最後通牒，蔣氏將面臨屈從或拒絕的選擇。屈從勢將毀損他的立場，從而被黨驅逐，故一定會拒絕。這時能夠採取的強力手段可能有：

第一是封鎖。即使在南軍勢力範圍內封鎖長江一帶至廣州的港灣，就中國而言，並不會覺得痛癢，一般國民雖然最痛苦，但鑒於往例，還可以過得去，受最大打擊的將是外國居民，和從事對中國貿易的外國商工業者，是即封鎖結果受苦的不是中國而是列國本身。

第二是砲擊。砲擊當以所謂兵要地點（Strategic point）為目標，如得以砲擊能致死命的中地點即heart，或可相當屈服中國，但在今日中國尤其在南軍勢力範圍內沒有這種致命的兵要地點，只有許多小的「heart」，故祗能砲擊這些隨處皆有的小兵要地點，但這不能給予致命傷，因此砲擊結果可能使列國軍隊陷於進退維谷的境地。

第三是軍事佔領（military occupation）。這與砲擊一樣，不得不佔領能制其死命的兵要地點，但如前面所說，其小兵要地點散在各地，如不能全部予以佔領，不會有充分的效果，而要在這樣廣大的地區佔領許多的兵要地點，在軍事上和事實上雖然不是不可能，但假若要實行佔領，如前幾年中國內亂時，日本派遣一個大隊（相當於一個營—譯者）在漢口，結果得長期駐紮，此時為著對抗，中國方面集中遠比日軍更多的兵力，但因地處遠方，為著援護聯絡，又得在後方準備大量兵力而傷透腦筋。今日列國即使以兵力佔領兵要地點，中國眼看列國兵力多，則退居內地，看其兵力小，則乘虛襲擊。列國對這種情況，不得不相當長期地駐屯兵力，而且為著予以援護，必須每每將其兵力移動各地，結果列國軍必將疲於奔命而不能達到目的，進而完全失去其面子。

即使發現有效手段，國民政府由之垮了，「排外暴動之巢穴的共產派暴民或不規則的士兵等毫無痛癢」。對於外國人的暴行反而會增加，無政府狀態將更加嚴重。因此，只有讓蔣中正這樣的中心人物，中國人自己去解決之一途。

對於幣原上面的見解，狄禮表示贊成，並問是否願意對蔣中正等予以「物質上支持」的積極援助，對此幣原回答說，如果毫不隱諱地給予援助，在黨內蔣將被罵成賣國奴，反而會有反效果，所以唯有讓中國人「主動」去從事。繼而談到第二節第二項所引用「如果中國赤化了」，最後結論說：「……因太焦慮時局，愼重考慮，欲強行『不可能』之事，決非政治家所該採取之方策。」

從以上會談我們可以知道，日本政府的寬大態度，絕不是來自抽象的觀念，而是以具體的現況分析和現實利益爲基礎的。

三、美國的動向

美國國務院對於南京事件，似不知道應該採取怎樣的態度。如下面所述，美國國務院於三月二十九日接到駐北京日本、英國、美國三國公使共同的抗議條件原案，因遷延而受到麥克馬雷的催促，才於四月二日發出回答的訓令。

即應三月二十八日英國駐北京公使藍普森（Sir Miles Lampson）的要求，就南京事件舉行了日本、英國、美國三公使會談，起草要求條件。就處罰、賠償、謝罪及將來之保障三點他們獲得共識，但對於要不要附以期限，意見不同。英國主張附以提出要求以後幾天的期限，日本和美國則認爲應該給予較長的時間㊺。以後英國繼續主張附以期限，在期限內沒有回答時，將加以制裁。日本主張以蔣氏爲交涉對象，但美國公使則對蔣氏抱持相當的疑惑㊻。

三月二十九日，日本、英國、美國、法國、義大利五被害國公使會談，法國和義大利決定參加對華要求。

四月一日，在公使團會議，日本公使芳澤謙吉遵照外務省的答覆訓令說，除「期限」（time limit）以外，全部贊成57。英國、法國和義大利也贊成原案，只有美國沒有指示，所以其決定遂延後。

在另一方面，美國國務卿凱洛格還沒有指示之前，曾徵求美國亞洲艦隊司令的意見58，惟因麥克馬雷的大力催促，乃於四月二日未等亞洲艦隊司令的回答就訓令：反對具有最後通牒性質的附以期限，而這與日本政府的方針是一致的59。

四月五日，英國駐美大使哈華特往訪凱洛格，面交願意刪除「期限」，但要美國同意武力制裁的備忘錄60。凱洛格堅決反對這個提案61。

四月十一日，對華抗議以五國同文通牒的方式，向武漢政府外交部長陳友仁和國民革命軍總司令蔣中正提出。它沒有「期限」，要求處罰、謝罪、將來的保障與賠償，「如不能滿足有關國家政府，有關國家政府將不得不採取其認爲適當的措施」62。

若是，贊成日本立場反對英國砲艦政策的美國，究竟有沒有像日本政府那樣的成算呢？凱洛格和麥克馬雷並不相信蔣氏具有足夠的實力，也沒有積極與蔣氏接觸和試探63。陳伯達說蔣曾透過上海總商會會長虞洽卿和宋子文與英美兩國聯絡64，但在美國國家檔案中，我並沒有發現能夠證明這個事實的資料65。不過在發生事件以後，爲僑民的撤退，似盡了最大的努力66。

結語

一言以蔽之，南京事件前後是，日本政府基於敏銳觀察的不干涉內政主義，與英國的傳統砲艦政策各所主張，美國追隨日本方針的時代。當然日本和美國的不干涉主義的背後有使其成爲可能的經濟繁榮；英國的強硬態度背後有英國和蘇聯的緊張是不待煩言的。好壞暫且不談，中國的政情，四月十二日蔣的反共政變，南京國民政府的建立，寧漢合作，共產黨的退卻，按照日本外務省的希望在變化。這些事實，的確令所謂帝國主義列強喘了一口氣。

但若槻禮次郎內閣卻以金融恐慌爲開端，被實際上利用不滿漢口事件之日本國民情緒的政友會運動所搞垮。是即幣原的對華外交逐漸開始結果時，終於下台了。繼而出現的田中義一內閣，竟搗毀了自華盛頓會議以來，日本苦心培養的對華外交成果，使中國反帝國主義運動的鋒芒專門對準日本。

註釋：

①日本外交文書微捲，P.V.M.26.

②胡華，《中國新民主主義革命史》，中國青年出版社，一九八一年，頁九九—一〇〇。

③陳伯達，《人民公敵蔣介石》，臺北一橋出版社，一九九八年，頁五〇。

④日本外交文書微捲，P.V.M.26，頁三—三六、三一—五、一五二—九七。中支被難者聯合會，《南京漢口事件真相》，東京，昭和二年。美國領事報告刊於Foreign Reations of the United States, 1927. Vol.2, PP.151-63.英國領事的報告載於Papers Relating to the Nanking Incident of March 24 and 25, 1927, China no. 4(1927) , PP.6-11.

⑤H.F.MacNair, China in Revolution, Chicago, 1931, P.114.另外，H.Isaacs, The Tragedy of the Chinese Revolution, rev. ed., Stanford, 1951, P.144說死十二人，受傷十九人。

⑥三月二十五日，森岡→幣原（前引P.V.M.26,頁三六）。

⑦《東京朝日新聞》，昭和二年四月五日。

⑧Foreign Relations of the United States, 1927, Vol. 2, PP.158, 168

⑨三月二十九日收到，矢田→幣原（前引P.V.M.26）。

⑩三月三十一九發出，幣原給駐歐美各國大使（同右27）。

⑪外交時報社，《支那關係條約集》，東京，昭和五年，頁三一八—三三五。原文於Foreign Relations of United States, 1926, Vol. 2, PP. 923-9.

⑫外交時報社，前引書，頁三二〇。

⑬ North China Herald, Jan. 29, 1927, P.135.

⑭ 據傳，孫傳芳曾對日本陸軍中佐岡村寧次說，英國軍隊如果從英國租界出兵，他將與南軍聯手抵抗英軍。二月一日，矢田→幣原，日本外交文書微捲，S.I.6.1.5-4.頁一三九。

⑮ 幣原平和財團，《幣原喜重郎》，東京，昭和三十年，頁二七〇。

⑯ 日本外交文書微捲，S.I.5.2.0-3.

⑰ 一九二六年十二月二十四日，狄禮、出淵次官會談（日本外交文書微捲，U.D.29，頁二四二以下）。

⑱ 重光葵，《昭和の動亂》，上，東京，中央公論社，昭和二十七年，頁四五。

⑲ 英國進一步於一月二十七日，向北京和武漢兩個政府提出有關廢除治外法權和歸還租界的備忘錄（North China Herald, Feb. 12, 1927, P.218），但據說駐北京公使芳澤謙吉曾經強硬反對（《東京朝日新聞》，昭和二年二月二十九日）。可能與上述同樣的論據。

⑳ 一月十三日發出，松井→幣原（日本外交文書微捲S.I.6.1.5-4，頁一五）。

㉑ 一月十九日發出，芳澤→幣原（同右，頁三三）。

㉒ North China Herald, January. 29, 1927, P.135.

㉓ 東京朝日新聞，昭和二年一月二十六日。日本外交文書微捲，U.D.29，頁二四二以

下。

㉔「南京事件ニ關シ本邦英國大使幣原大臣來訪ノ件」（日本外交文書微捲，P.V.M.27,頁一〇八—九以下）。

㉕譬如武漢政府外交部長陳友仁，於二月十二日說，對日外交關係良好（昭和二年二月十四日，《東京朝日新聞》）。無需說，武漢政府的友好態度，與所謂幣原外交的不干涉內政主義是互為因果的。

㉖三月十四日發出，矢田→幣原（日本外交文書微捲，S.I.6.1.5-3，頁二〇三）。

㉗日本不是完全沒有增援。一月初，駐上海的日本、英國、美國、法國總領事，議定戰禍接近上海時候的共同防備計畫，日本要負責一千五百名（日本外交文書微捲S.I.6.1.5-4，頁二四六—二四七）。三月上旬，國民革命軍接近上海時，日本曾派遣巡洋艦川內（三月四日入港）和五十鈴（三月七日入港），加上停靠在上海的利根、平戶、天龍、堅田、隅田、天津風、時津風以及濱風，能夠登陸的陸戰隊共計一千八百多人（《東京朝日新聞》，昭和二年三月四日。《大阪每日新聞》，三月四日。North China Herald, March 5. 1927,P.355）。

㉘一九二七年二月九日『東京朝日新聞』。

㉙一月九日，矢田→幣原（前引S.I.6.1.5-3,頁一一五）。這個利用國民黨右派的方策，在此之前，一九二六年十二月，由在上海日本有力人士所組織時局研究會所作

的決議（十二月二十六日登，矢田→幣原，前引S.1.6.1.5-3,頁一〇〇）。

㉚ 前引，S.1.6.1.5-5，以及S.1.6.1.5-6。

㉛ 本節的敘述，參考了D.Borg, American Policy and the Chinese Revolution, 1925-1928, new York, 1947,.

㉜ China Year Book, 1928, P.4.

㉝ 福州事件等，並沒有傷害到美國國民對中國的同情心。建議美國總統與中國簽訂平等條約的所謂坡達決議，於二月二十一日在眾議院獲得通過。坡達（Stephen Porter）是當時的外交委員會委員長。同時，響應英國新對華政策的美國政府宣言，雖因凱洛格與麥克馬雷的意見不同而有所遷延，但也於一月二十七日發表了。

㉞ Foreign Relations of the United States, 1927, P.56-58.

㉟ D.Borg, oP.Cit.PP.270-271.

㊱ Foreign Relations of the United States, 1927, PP.56-58.

㊲ D.Borg, oP.Cit., PP.275-276.

㊳ Foreign Relations of the United States, 1927, PP.60, 66.

㊴ Ibid., P.73，《東京朝日新聞》，二月十四日。

㊵ North China Daily News, February, 17, 1927.

在這裡特別要提到的是，對照當時美國外交文書和日本外交文書時，關於情報，日本的遠比美國正確。美國外交官的情報來源，似以報紙的報導為主，但日方的情報則大多來自與個人的接觸。譬如，關於這個孫傳芳的新聞發表，美國駐上海代理總領事高斯在二月二十四日呈凱洛格的報告只說：「上海的交涉署似以英語對外文報紙發表的」（National Archives, 893.00/8564）。但日方的岡村中佐已於二月十日得知孫反對此項提案（二月十日發出，矢田→幣原，前引S.I.6.1.5–6.），而孫之將不正式回答，投稿英文報紙表示反對，森岡領事呈幣原外相，已於二月十五日有所報告（同右）。

㊶ North China Herald, February 26, 1927, P.309.

㊷ 矢田→幣原（前引，S.1.6.1.5–1，頁一二）。

㊸ 三月二十一日，第一遣外艦隊司令→海軍次官（前引S.I.6.1.5–1，頁一五）。

㊹ 關於英國，曾經有過這樣的事。一月八日英國總領事來訪，矢田總領事問其有沒有利用國民政府內部右派的意向時，英國總領事的口氣是不相信右派有實力（一月九日，矢田→幣原，前引S.I.6.9.5–3頁一一八——一一九）。

㊺ 三月二十六日發出，矢田→幣原（日本外交文書微捲，前引，P.V.M.27.）。

㊻《東京朝日新聞》，昭和二年三月二十六日。

㊼ 三月二十七日發出，矢田→幣原（前引，P.V.M.27.）。

㊽ 同右，頁一一。

㊾三月二十九日收到，矢田→幣原（同右，P.V.M.27.）。

㊿四月二日收到，矢田→幣原（同右）。

51 四月三日收到，矢田→幣原（同右）。

52 四月四日發出，幣原→矢田（同右）。

53 在這前後，參謀本部支那課長田代皖一郎曾暗中來到上海，四月一日與蔣氏會面，但沒有任何說明其意圖和角色的資料。

54「南京事件ニ關シ在本邦英國大使幣原大臣來訪ノ件」（前引，P.V.M.26）。

55 三月二十九日發出，芳澤→幣原（前引，P.V.M.27）。

56 Foreign Relations of the United States, 1927, Vol. 2, PP.166-167.

57 四月二日發出，芳澤→幣原（同右）。此外，日本海軍也贊成刪除「期限」。因為水位的關係上，四月中旬左右，萬縣上游的日本砲艦不能下航，而為保護僑民，決定採取強硬手段前，需要有二、三星期的時間是它的根據。

58 Foreign Relations of the United States,Vol.2,P.170.

59 Ibid., PP. 175-176，爾後亞洲艦隊司令回答贊成附以期限的最後通牒，但凱洛格的方針沒有改變（Ibid., P. 178）。

60 Ibid., PP. 179-181，在東京也告訴了幣原外相，但被幣原拒絕（四月七日發出，幣原→芳澤，前引，P.V.M.27）。

⑥1 Foreign Relations of the United States,1927,Vol.2,PP.181,182–183，日方的新聞情報是，在北京公使團會議，美國似乎贊成並支持英國的鎮壓政策（東京朝日新聞，昭和二年四月二日，四月六日）。不知道是誤報，還是美國駐北京公使麥克馬雷的獨斷。

⑥2《外務省公報集》，昭和二年，頁五—七。

⑥3 至少到四月四日，在上海的高斯並未與蔣氏接觸（四月五日發出，矢田→幣原，前引，P.V.M.27），也沒有要其接觸的訓令。

⑥4 陳伯達，前引書，頁三四。

⑥5 Gauss to Secretary of State, March 26, 1927, National Archives, 393.11/494.

⑥6 我們認為，在上海的英國和美國的總領事，似與蔣氏沒有太多的接觸。英、美兩國總領事似皆事先得知四月十二日的政變計畫，據說英國總領事於四月四日往訪矢田時，曾力倡「有使蔣致意的必要」（四月五日發出，矢田→幣原，前引P.V.M.27）。又，矢田事先得悉十二日的夜襲（四月十六日發出，矢田→幣原，前引，S.1.6.1.5–1，頁三五以下）。

（原載八八年八月『近代中國』）

第四章　田中外交及其背景——京奉線遮斷案的外交過程

前言

田中（義一）政友會內閣，說是爲了對中國確定所謂「積極策」而大大宣傳的東方會議，舉行於一九二七年六月二十七日，結束於七月七日。而開完此項會議以後，其所採取對華積極策的具體案就是遮斷京奉線案。當時，張作霖先生在北平，其主力部隊進駐關內，因此京奉線是關內奉天軍的重要補給線。而且，最重要的是補給基地奉天城，和東洋最大的兵工廠都在滿鐵線的東邊；而京奉線自出去奉天城小西邊門外的瀋陽車站不久，便要走滿鐵線的下面。所謂京奉線遮斷案，就是擬在這個地點，援用滿鐵線附屬地的行政區，以遮斷京奉線的軍事補給爲藉口，企圖一舉以解決滿蒙懸案者。

本文的目的是，擬試述此案的產生至消滅的經過，並說明田中內閣的對華外交雖然是積極外交，但它爲什麼不能達成其所謂積極策的理由。

第一節　有關遮斷京奉線案的呈報意見

一、中國內戰的演變

田中政友會內閣成立於一九二七年四月二十日。在在野黨時代，以第一次若槻（禮次郎）內閣的所謂幣原（喜重郎）外交為無為無策，而大肆攻擊的政友會，亦如馬場明氏所說①，在本文後面亦將提到，掌握政權以後，遂發覺中國的事情，自非所謂積極策所能解決。於是，田中新內閣對北伐的方針，迨至五月中旬，似繼承著幣原的不干涉政策，但如後面所說，在五月二十四日的內閣會議，它卻忽然決定出兵山東。其目的是，從徹回保護主義轉變到現地保護主義，以保持田中內閣的「面子」。

五月中旬，張作霖的屬下，張宗昌和孫傳芳的連橫又有進一步的發展。在政治上完成調整的北軍，遂乘南方的蔣介石反共南京國民政府和以汪精衛為首之容共武漢國民政府的分裂，意圖大舉南下。對於北軍的這種企圖，蔣介石南軍曾予反擊，尤其在津埔線上李宗仁麾下的南軍，大破張宗昌、孫傳芳部，五月二十二日佔領蚌埠，繼而進佔宿州，大有一舉北上，攻取徐州、濟南之勢。在另一方面，進兵中原洛陽的馮玉祥西北國民軍，與李軍相呼應，東進佔領京漢、隴海鐵路的交叉點鄭州。迨至五月底，津埔線上的徐州失陷，對付馮軍的張學良麾下的第三方面軍，因主要將領的背叛而崩潰。由此，張學良被乃父張作霖追究打敗仗的責任，同時被免去方面軍軍團長的職務，悄然歸燕，終以得病爲由而住進醫院②。

二、日本外務省的諮詢

爲了因應時局的激變，日本外務省於六月二日，秘密地對駐北京公使芳澤謙吉和駐奉天總領事吉田茂，就奉天派如果戰敗時，張作霖的命運將會如何，日本應該採取的政策，而做了大約如左的諮問③。

在目前，南軍如果佔據華北時，其中縱令有些共產黨同路人，日本政府也祇有默認北京政權。

㈠如果張作霖戰敗亡命時，可能由與南方能夠妥協，較比懂得思想的人來維持東三省的治安，若是，這個人將是誰？

㈡如果張作霖收拾奉天軍，撤到關外時，居於南方派與奉天派之間，爲安定東三省的政情，日本應該採取什麼態度和方針？

㈢在華北南北兩軍決戰的餘波，如果波及東三省，且陷於不可收拾的狀態時，日本應該採取什麼態度和方針？

三、芳澤和吉田的回答

芳澤回答的要點大約如下。關於第一個問題：沒有比張作霖更適當的人；關於第二個問題：對於中國的政爭最好不要斡旋，但如果南方對東三省進行攪亂工作，可採取進一步的措施；關於第三個問題：可以像一九二四年第二次奉直戰爭的時候，對於南軍提出有關維持滿洲治安的嚴重警告，並採取行動④。

六月十日，到達日本外務省的吉田的回答，與芳澤者有些不同。關於第一個問題：張作霖行動敏捷，眼看危機，勢將隻身衝出北京，逃回東三省，萬一來不及逃，東三省軍閥中最機警而狡猾的吳俊陞將取而代之；關於第二個問題：禁止軍閥使用京奉線於軍事，鞏固關東州和鐵路附屬地，以防止南方便衣隊入侵滿洲，如果形勢更趨惡化，可採取收押並管理在滿洲的俄國和中國鐵路的手段；關於第三個問題：希望與列強共同對南北兩軍，強制其停戰⑤。

四、吉田第二個提案

上述六月九日到達的回答，我們姑且暫把它叫做吉田第一個提案，六月十日到達日本外務省的吉田公電⑥，我們稱之爲吉田第二個提案。

吉田第二個提案，不僅要由列強共同佔領滿洲，而且還要佔領華北的要地。換句話說，吉田建議，爲了使華北的動亂不波及滿洲，可以根據義和團最後議定書，控制北京一帶與海岸線的交通，並令南北兩軍都不能利用京奉線，同時提出維持滿洲治安的具體方策。

在第一個提案，對於它簡單說的「如果形勢更趨惡化，收押管理在滿俄華兩鐵路一時的機宜手段」⑦，在第二個提案，則去掉俄國鐵路而這樣說：

「……如果有人擾亂滿洲治安的時候，表明將以日本陸軍暫時佔領山海關洮南、吉林等中國鐵路的主要地點，使中國軍隊完全不能使用管理該項鐵路，必要時將查封奉天兵工廠，不許軍閥私用而擾亂東三省治安的決心，俟他日東三省的掌權者確定後，再以歸還上述所收押鐵路為條件，以採取實現有關我對於開發滿蒙的措施。」⑧

又，吉田所提及義和團事件最後議定書，是指其第九條。它說：

「……為了維持首都與海濱間的交通自由，清國政府承認各國有經相互協議決定佔領各地點的權利，亦即各國所將佔領的地點為黃村、廊坊、楊村、天津、軍糧城、塘沽、蘆台、唐山、灤州、昌黎、秦皇島及山海關。」

不特此，對於外務省的第三項質問，吉田第二提案具體地做了這樣的答覆：萬一南北軍閥不聽列國的停戰要求，應以列國的軍隊佔領津浦線、京漢線、膠濟線、京奉線、滬寧線等鐵路的兩端，從而管理奉天、漢口、漢陽、上海等地的兵工廠，和禁止輸入武器。

不過，這些提案都是以維護滿州和華北的治安為目的，吉田從沒有提到擴大權益或分開滿州等。他使用著「為中國的治平，我認為可以干涉」⑨，「政權之歸於何人，該悉聽中國輿論的向背」⑩等字眼，因此在主觀上，吉田始終以維持治安為其目的。上面吉田所建議要由列強共同佔領華北要地，強制管理兵工廠，實行禁止輸入武器等等，無非是為了除去軍閥私用的物質的基礎，從而以謀求中國國內政情的安定。

五、吉田變更決心

可是，中國的政情並沒有照吉田的預測演變。

第一，以爲即將垮台的張作霖政權，並沒有馬上垮台。日本的進兵濟南，給予南軍的北上以無形的壓迫。（關於日本政府首腦之進兵濟南並沒有阻止北伐的意圖，而祇在現地保護其僑民一點，我擬另找機會敘述，但其進兵濟南的結果，竟限制了南軍的戰略行動卻是不可否認的事實。）加以南軍補給線的大爲延伸，武漢政府軍沿著長江東進，遂由西方開始威脅南京政府的統治區域。乘南軍氣勢稍微減退時，在北京的張作霖便積極從事南北妥協和停戰的工作，在山西本來準備中立的閻錫山，也自告奮勇出來做南北妥協的橋樑。因此，北京的張作霖政府遂得喘一口氣，而似不必由北京逃回奉天。

其次，六月四日，美國脫離了駐北京日本、英國、美國、法國和義大利五國公使所一致通過之南北和議的勸告。是即一時曾派一千八百名海軍陸戰隊於京津地區的美國⑪；突然變更其政策，決定縱令戰禍波及於京津地區，也不參加共同防衛，而將撤退其軍隊和僑民⑫。至此，列強的步調遂不一致，所以不可能共同出來干涉中國內政。由之，吉田遂變更其方策。

六、吉田的第三個提案

我相信，吉田必定這樣想：如果張作霖沒有垮台，在相當期間內戰亂不會波及東三省的話，應該變更方針，以張作霖政權爲對象，利用張作霖陷於困境的今日狀況，以解決懸案。

亦即第二提案兩天後的六月十二日，日本外務省三度接獲吉田的意見⑬。根據吉田的說法，奉天官方之所以不聽日本的意見，乃是「由於年來日本對華態度不徹底的結果，奉天官方不知我方之可怕」⑭所導致，因此吉田認爲，日本必須出於能制對方死命的手段，以表示日本斷斷然的決心。

所以，對於如後面所將提到的帽兒山分館問題，當他訪問漢城的時候，便希望朝鮮總督（齋籐實）越過圖們江，日軍出兵中國，以「行軍」。對此，齋籐總督認爲「以這樣小小事件而出兵國外實在不好」⑮，因此吉田遂不得不撤回他的提案。可是，在這個第三提案，吉田卻主張包括其他鐵路案件，以鐵路案件爲主，以帽兒山分館爲副，尤以遮斷京奉鐵路通過滿鐵附屬地部份爲總的王牌，由他親自來交涉，「以它爲本官與莫省長之間的問題，令省長負其全責」⑯，以一舉解決滿蒙的懸案。又，所謂莫省長，就是奉天省長莫得惠的意思。

第二節　日本對張作霖政策

一、對中國政策的混亂

如衆所周知，張作霖之所以有今日，完全是由於日本直接間接的庇護。譬如在俄日戰爭中，綠林小頭目張作霖曾被日軍逮捕並將槍斃，這時爲他請命的是井戶川辰三和田中義一。其所以爲張請命，固然是由於當時日方短少騎兵，很想利用張的馬隊所致，但救了張一命卻是事實。

俄日戰爭以後，對於日本政府來講，保護其在滿洲的權益是對華外交的關鍵，因此，不管是什麼政權，祇要是能夠保護日本人在滿洲權益的政權，亦即建立擁有維持滿洲治安的實力，而且具有遵守條約的意志和能力的政權，遂成爲歷代日本政府的重要課題。

可是，對於中國怎樣滿洲纔會安定的具體方策，日本政府本身卻始終沒有很明確的方針。這正如一九一六年，當時的外相本野一郎所慨嘆。他說：

「觀看近年帝國政府對中國所採取政策，有非常不得其當者。不確定對華方針而或欲維持其帝政，或想幫助民黨以排除袁世凱，或同時援助民黨和保皇黨，嘴上喊東洋的和平，但反而造成中國的混亂，陷其於不可收拾的狀態的嫌疑」⑰。

二、宗社黨事件

本野批評的對象，宗社黨事件無疑地是其中的一個。詳而言之，起初，日本政府認爲，爲中止袁世凱的帝政需要加以壓迫，因而準備援助反袁運動。爲了幫助南方的革命勢力，遂把當日被認爲陸軍的第一個中國通時任旅順要塞司令的青木宣純中將調派爲參謀本部付，加上松井石根中校，令其到上海⑱。這是一九一五年年底的事情。與此同時，在北方卻決定援助策劃復辟清朝的宗社黨，並令土井市之進上校和小磯國昭少校等人參加其舉兵。至此，辛亥革命後即時唾棄清朝，拚命爲袁世凱賣命的張作霖的命運，遂旦夕不保。是即對於日本政府，爲了保護權益，地方軍閥張作霖的休戚，當然不值得一顧。在舉兵之前，參與宗社黨的三村豐，持炸彈衝進正在跑著奉天城內馬路的張作霖馬車，而五體四散。所幸，張作霖沒坐那輛馬車，纔倖免於難⑲。

惟由於南方革命派的舉兵沒就緒，南北策應的本來計劃因而不會實現；如果北方單獨舉兵，可能促成袁世凱和革命派的妥協，從而鞏固袁世凱的地位；以爲一九一六年六月六日，袁世凱被阻止帝政而悶死之後，宗社黨的舉兵已經失去意義；以及日本政府內的部分人士一直有援張的想法等等因素，日本援助宗社黨的計畫，遂雲消霧散⑳。

由於日本方針的突變，張作霖終於消滅了巴布札布的宗社黨軍，反而鞏固他在滿洲的地盤。從此以後，張作霖遂成爲滿洲最大的權力者，而令日本除加強和安定張作霖政權以外，沒有第二條路可走。

三、援張政策

於是，遂壓迫奉天方面聘請日本軍人爲顧問。這一方面意味著奉天軍的日本化和傀儡化，另一方面，也具有欲急速地現代化和精兵化泰天軍的意圖。原（敬）內閣決定對中國禁止輸出武器，並很認眞地履行了這個政策，但發現在第一次奉直戰爭奉天軍慘敗，張作霖需要武器時，它卻積極地援助建設奉天兵工廠。日本政府認爲，這樣既不違反禁止輸出武器的一般方針，而又能加強奉天軍的實力。

如此這般，迨至大正末期（一九二四年左右——譯者），奉天派便成爲中國的具有頭等實力的軍閥政權。

如上所述庇護奉天政權的方針，其內容雖然有些抽象，但於一九二四年五月，清浦（奎吾）內閣的外務、陸軍、海軍、大藏四省所協定的「對支政策綱領」便這樣說：

「對於目前東三省的實權者張作霖，將按照既定方針繼續予以善意的援助和支持其地位，但應該注意不要因此而影響到我對中國全盤的利害關係，與此同時，要對張經常予以適當的指導，令他明白其所以有實權，完全是以（日本）帝國對滿蒙的實力爲後盾，俾令其對我始終持有善意的態度。」㉑

四、東三省的維持治安

依照上述綱領的方針，於同年秋天勃發第二次奉直戰爭之際，日方曾對奉、直兩軍警告說：

「……在滿蒙地方居住的（日本）帝國臣民達數十萬以上，日本的投資和企業也很多，尤其帝國本身的康寧與該地方的治安秩序，關係頗大云云」㉒。

其次，對於一九二五年郭松齡的叛變，關東軍司令官曾經警告說：

「……有危害或毀損帝國的重大權益之虞時，本軍因爲職責上不能默視……如果不幸如上的危險迫近時，本司令官當然不得不採取必要的措施……」㉓。

對於郭松齡軍席捲遼西的原野，大舉東進，勢將越過滿鐵線，且迫近奉天城時，關東軍司令官發表了有利於張而不利於郭的方針。它說：「日軍禁止在南滿鐵路兩側以及沿線的終點大約二十華里（三里三分之一，十二公里）以內有直接的戰鬥行為，和可能擾亂我附屬地之治安的軍事行動。」㉔

換句話說，奉天軍由於郭軍的聲勢喪失戰意，其要人爭先恐後地把財產運到滿鐵的附屬地，張作霖本身且正在準備亡命的時候，擁有絕對優勢之火力的日軍，遮斷了郭軍與奉天城之間的通路。由此，郭軍停止進攻，躊躇逡巡，張作霖軍因而獲得挽回劣勢的時間。是即發出上述頭項聲明是十二月八日，禁止在附屬地附近有軍事行動的聲明出於十二脫十三日，奉天軍騎兵奇襲郭軍，郭軍由之於十二月二十四日潰退，不久，躲在農民家的郭松齡夫婦被捕並被殺，其屍體被拋在奉天城外小河邊的公園。

惟我們應該知道，在當時，如上所述，日本政府的正式方針，是為保護其權益而要維持治安，在主觀上，它一直是努力於保持不偏不倚的態度。但與此同時，日本所扮演的客觀上角色，從結果來看，不但庇護了張作霖，而且因為張作霖方面的哀訴懇求，關東軍為其提供了火砲，並令日本預備軍人操作這些火砲，積極地援助了張軍。這是多年來被詬病為滿州四頭政治㉕所導致的結果，也是日後雙重外交之弊端的一個因素㉖。

五、反對進入關內

在另一方面，日本一直堅決反對並拒絕援助張作霖進入關內。這是基於以下兩個原因。

一、張作霖如果企圖進入關內，由於日本和張作霖多年的關係，革命派、直隸派等反奉各派以及英、美等列強，一定會誤解其背後有日本的野心，基於這種誤解，而將產生排日運動，或與列強之間引起不必要的摩擦。這是它反對的第一個論據，而將這種論據說明得最清楚的，則莫過於第一次奉直戰爭當時高橋是清內閣所做的決定。它說：

「……如果奉天軍獲得勝利，張作霖在北京左右中央政局的話，反張派和外國輿論將以爲其背後有日本的援助，這將爲排日提供最好的材料；而事實上沒有獲得我支援的張作霖，不僅對我沒有好感，而且根據過去的經驗，其老獪或將利用其權勢，背地裡宣傳排日以爲驅逐我勢力的方法；如果張作霖敗竄的結果，吳佩孚左右中央政權的時候，人們會以爲受日本援助者打敗，進而侮蔑日本，與此同時，吳佩孚更將採取英美的政策……因此，帝國政府自不得不採取愼重的態度。

我對華政策的根本原則是，我國對中國內政採取絕對不干涉主義，對任何勢力保持不偏不倚的態度，逐漸期待中國國民的覺醒和向上，尤其在今日，遵照華盛頓會議條約及決議的精神而行動……」㉗。

這項閣議決定說明了日本政府立場的困難，以爲在張作霖背後有日本，吳佩孚後面有英美這種誤解相當流傳的今日，此種傾向如果繼續下去的話，奉直戰爭很可能變成日本和英美的對立。因此認爲，「不能忍受其對大局之不利的影響。」㉘

爲了消除這種誤解，是項閣議同時決定：⑴日本應該自動地與以英美公使爲首的北京外交團採取共同行動；⑵令做張作霖顧問的，或者與張作霖關係深的軍人，不得參與這次時局。

二、日本政府希望張作霖維持東三省的治安。從張作霖的實力來說，日本不希望張作霖具有進入關內的「野心」，並認爲張的這種野心是會失敗的。一九二二年的內田康哉外相訓令充分說明了這一點。它說：

「祇要張作霖維持其勢力下之東三省的治安，專心努力於和平政策，他便可以在東三省獲得穩固的勢力，惟一旦依其武力將其野心延伸到中央，意圖以武力來統一或遠征，其結果必歸於失敗，這可以奉直戰爭爲證。……爲了張作霖和東三省的治安，我將繼續保持『阻止』張作霖遠征中央的態度。張作霖之努力於維持東三省的治安，不僅對他本身有利而幸福，更是對滿蒙具有複雜甚深之利害關係的日本所最希望者，因此，日本對張作霖在東三省的和平政策，將以同情態度處之，並將予以盡可能範圍內的援助。……惟所謂日本對東三省和平政策的援助或同情，日本與列國因爲約束而不能給與者，譬如提供武器，除非獲得有關列國的承諾不能提供，自不待言。」㉙

基於上述兩個理由，日本政府一直反對張作霖插足關內㉚。但是，張作霖本身卻念念不忘要踏進關內，遂於一九二六年與其宿敵吳佩孚謀和，攻擊控制京津地區的馮玉祥系諸部隊，並把他們趕到西北，奉天軍由之大舉進入關內。且將其麾下改稱安國軍，並遷居北京的張作霖，其如何得意，不難想像。他在表面上雖然裝沒什麼，但在其內心，他很可能自比為漢高祖或明太祖。

第三節　對張警告及其背景

一、松岡的觀察

正如在上面所引述文件裡日本政府所慨嘆，張作霖的確不是甘為日本驅使之單純的所謂傀儡政權㉛。至少，從大正末期到昭和初期是如此。所以，當日方提出所謂二十一條要求，以及為了維持和確保因為其他諸條約所獲得的權益，而說服張作霖時，便需要種種術數。這裡有能夠證明其一斑的松岡洋右私下對木村銳市談的紀錄。它作於一九二六年十一月十九日，題為「滿鐵幹部與奉天當局的關係」，其要目如左㉜。

㈠滿鐵「始終採取儼然的態度，努力於抑制張作霖」，與此同時以「透過町野等從裏面來緩和它的態度」，以說服奉天官方和張作霖。亦即滿鐵採取了「有如車輛的兩輪，互相幫助，最後以達到我方要求的政略。」

㈡最近，長大線等交涉之所以不順利，町野（武馬，張作霖顧問）與滿鐵理事大藏公望的感情衝突是近因。

㈢町野對張作霖的影響，不是非常強（這是町野對在滿洲的日人所說者），也不是完全沒有（外務省的見解）。但是，「至少對張作霖相當能責備其罪，大聲疾呼的還是町野。」

㈣張作霖並不信任楊宇霆，町野在監視楊宇霆。

㈤鎌田（彌助，滿鐵奉天公所所長）祇是張作霖的談話對手，因此，「像以往透過町野、鎌田由裡面運動，而在表面上採取斷然的態度以收效果的作法，在今日已經行不通。」

㈥正因爲「滿鐵與奉天的秘密關係受挫」，所以每次交涉，吉田便感覺非常困難。

松岡的見解，大約如上所述，其所論雖然有些混亂，要之，以往，滿鐵和總領事在表面上以斷然的態度交涉，與此同時，町野和鎌田私下進行說服，這樣互相配合做得很順利的，在今日已經行不通了。當然，這並不就是說人際關係的障礙是當時不容易交涉的唯一原因。譬如第一次世界大戰後，中國民族主義的高昂，張作霖勢力的增長，也是使張作霖對日方要求確保和實現其權益不肯買賬的主要因素。但，映在松岡心目中之當時的人際關俳如上的描寫，道破了滿洲四頭政治之弊端的一面卻也是不可否認的事實。

二、吉田對張作霖的態度

如上所述，張作霖不聽日方的話之際，奉天總領事吉田茂便非常討厭張作霖。

吉田如何地討厭張作霖？其眞假姑暫不談，我想介紹昭和初期流傳於奉天日僑之間的風聞。有一天，張作霖請吉田吃飯，照例滔滔不絕地說他的意見。剛腰的吉田，對鄰座的日本人，用日本話說：「……這個混蛋……」而笑咪咪地隨聲附和。

其次，一九二七年四月，田中就任首相的時候，張作霖本來準備派其部下趙欣伯前往東京爲其祝賀的。吉田以爲，張作霖以田中內閣的誕生對其有利，因而纔要派遣使節，因此貶爲這是「中國獨特的想法」，並對田中提出「在溫情之中亦能以儼然的威容」對之㉝。在這則公電，吉田說：

「對張暴政的非難，在滿洲不必說，連華北一帶都成爲衆怨之府的今日，這是張之毫無忌憚地誇大宣傳與首相之關係的結果」㉞。被張作霖欺壓的北方民衆和以張作霖爲敵的南方革命黨，可能因此而對日本田中內閣有反感，所以田中一組閣，吉田便主張由田中對張作霖：

「直接了當地表示以張作霖以往對內外的態度有物議爲遺憾，同時以年來的友誼和同情勸告他儘快表明已知其昨非，以收反省之實」。由此當可想見吉田對張作霖如何反感的一斑。

三、木村對吉田的忠告

吉田對奉天當局所取態度之驕傲、峻烈，在當時好像很出名，因此幣原的親信，亞細亞局長木村銳市曾經很客氣地對吉田勸說：

「從滿洲來的風傳說，關於專照單問題，莫省長之不講道理姑暫不談，貴台對莫省長那麼嚴厲，或將對中國有所影響，因聞及此事，特供參考。」㉟

吉田這種態度，以後還是沒改，所以，奉天當局對吉田也就沒有好感。日後，楊宇霆就吉田對奉天當局的態度，曾經對北京的駐華武官本庄繁說：

「簡直是對屬國的態度」㊱。

四、謂滿蒙的主要懸案

由於張作霖不聽日本的話，因此，日方與奉天政權之間，遂產生所謂滿蒙懸案的案件。本文雖不以分析懸案的內容為目的，但為幫助瞭解其背景，特將其簡述如左：

(1)打通線的敷設問題

張作霖政權於一九二五年八月，完成了打虎山與新立屯間的鐵路建設。對此，日本認為這違反了一九〇五年「關於滿洲之中日條約附屬規定」第三條。換句話說，清國方面約定在滿鐵線附近不敷設與其併行的鐵路，或建設有害滿鐵利益的支線，而日方認為，打虎山與新立屯間的鐵路就是與滿鐵併行的鐵路。因此，自一九二六年八月以來，一有機會，日本政府便提出抗議，但奉天當局不特不聽，而且於一九二七年一月間建設了新立屯與彰武間的鐵路，同年八月當時，更再架設彰武與通遼間的鐵路。

(2)吉海線的敷設問題

吉林省政府於一九二六年秋天，發表了海龍、吉林間的鐵路敷設計劃。但在這以前，亦即於一九一八年，日本曾經與北京政府簽訂「關於滿蒙四鐵路的交換公文」，約定以日本的貸款來建設這四條鐵路。而吉林、海龍間的鐵路就是其中的一條。所以，自一九二六年十一月以後，日本政府便不斷地向奉天政權提出抗議，因為在當年，吉林省政府乃在張作霖控制之下。而一九二七年當時，中國當局仍然無視日本的抗議，照樣購買器材，繼續準備其建設。

(3)不當課稅的問題

最近在華盛頓簽訂的九國條約，規定將召開有關中國關稅會議，以決定增加二分五厘的關稅。惟日後在北京舉行的關稅會議，由於列國的步調不一致，而未能達到結論；加以因為內戰，北京政府開始動搖，會議由之停頓。在另一方面，為了獲得財源，廣東的國民政府竟在其統治下的港口，強制增加二分五厘的關稅，因此北方各地的軍閥政權也相繼這樣做。對此，包括日本，列強提出了強硬的抗議，但中國並不屈服，且在不了了之的情況中造成既成的事實。這在東北也不例外，日方因而不得不繳納附帶抗議的關稅。

此外，對於東北各地日本人所課的幾種稅，日方也以為是違反條約的不當課稅，而一直在抗議。

(4)盛京日報的查禁問題

一九二七年六月十日，奉天軍司令部以刊登謗奉天軍的文章爲理由，查禁了盛京日報。該報是日本人所發行的中文報紙，因此日方認爲它應享有治外法權的特權而提出抗議。從條約的解釋這個觀點來說，日方的解釋是正確的，但奉天省政府卻以爲這是北京的外交部所應該處理的問題，中國外交部則認爲這是地方的問題，亦即是奉天省政府所該處理的問題，而一直在拖。

(5)帽兒山分館的開設問題

帽兒山位於鴨綠江中游東北地區，其附近住有三萬多的朝鮮移民，因此，渡江的交通事業，便隨朝鮮人的遷移而逐漸發達。一九二七年三月，日方提出希望在帽兒山開設安東領事館分館的要求，並獲得外交部長王蔭泰和奉天省政府的實力者楊宇霆的同意。於是於四月十六日，日方副領事田中作抵達朝鮮的中江鎮，一再要求與對岸東北方面的臨江縣知縣會面，但都被拒絕。恰好遇到換知縣，因而於五月二十二日，對新知縣提出見面的要求，但這也被拒絕。

五月二十九日，田中攜帶護照，渡江到帽兒山，但中國方面卻官民聯合起來，將田中一行逐出國境，並破壞分館用的建築物。田中以公文提出抗議，但知縣沒有給任何答覆。從此以後，反對設置分館的運動，遂變成群衆運動，它更迫害朝鮮人，兩岸的交通，由之遂中斷。

張作霖所統治的北京政府，以當地的民心激昂爲理由，主張延期分館的開設。日方認爲，煽動群眾的是奉天政府當局，因此它應該負責收拾處理這個局面，以便照預定開設分管，而與中國官方對立。

五、對張警告案

對於張作霖的這種作法，當然日本政府並沒有保持緘默；是即對奉天當局，一有機關，便促其自重，並勸告和警告其要用心於充實內部㊲。

至於其詳細內容，雖不得而知，但於一九二七年六月廿二日，在外務省召開的東方會議籌備會議滿蒙委員會席上，上述的對張作霖的警告，曾經成爲話題。綜合出淵次官、吉田總領事、木村亞細亞局長的說明，其大要如左：

「本件警告係要友好地忠告這對張作霖本身，和東三省的保境安民，產業開發諸政的整理非常需要，如果張作霖接受這種忠告，對於產業開發諸政的整理等要求日本協助的話，日本將予以好意的考量，在並沒有附帶日本的各種要求迫其接受這一點，它與二十一條要求根本不同其趣旨……」㊳。

根據當時亞細亞局第一課首席事務官柳井恒夫的回憶㊴，對於張作霖的勸告和警告，於一九二六年春天，亦即成立田中內閣的大約一年前，當時的幣原外相便有這種想法：亞細亞局第一課曾經作了「對張警告一件」的文件；這時已經在考慮使用遮斷京奉線這張王牌，惟因幣原外相很愼重，而還沒把它付諸實施之前內閣便瓦解。

但根據另外一項資料，我們間接地可以知道遮斷京奉線案，乃於一九二六年三月左右，已經由內閣會議所決定㊵。幣原在內閣會議獲得這張王牌以後，眼看中國國內政治狀況的流動不息，而似乎不欲以這張王牌來和張作霖交涉。是則幣原一直注視著中國的內戰，以等待著它的結果。

六、吉田的對滿蒙方策

上述吉田之反映第一線的著急情形的對張積極方策，與幣原之觀察整個中國的不干涉的靜觀方策是有出入的。因此，在幣原外相底下，吉田或許覺得他自己並沒有受到應有的重視。套句典據，吉田的經世方策不為上司所容，「道轗軻而未遇，鬱抑而不伸」。

這時更換內閣，而出現了標榜積極方策的田中政友會內閣。所以，吉田遂於四月廿一日，將其對滿蒙方策，簡單扼要地寫給木村亞細亞局長。其要點如左：㊶

㈠「不問鐵路附屬地的內外，滿洲的治安，在能力所及範圍內，應由日方來擔任」。

㈡「乘奉天鈔票的暴跌和經濟界的不景氣，而因勞農或南軍唆使而罷工，我官警應該予以強壓」。

㈢「我之經營滿洲，應以帝國的國力行之，不能依靠張（作霖）、楊（宇霆）或王（永江）來行事；無論什麼時候，絕不可以玩弄小策」。

㈣「經營滿洲的要諦，在於東三省的鐵路政策和貨幣政策，因此，當以俄中日的鐵路爲整體來構想其聯絡組織，想出貨幣制度的妙案，在東三省設法獲得實施以上兩案的機會」。

上述之吉田的基本方針，經過兩個月左右的思索，而變成本文第一節所說的吉田第一提案和第二提案。

第四節　早期田中內閣的中國政策

一、田中外交早期的靜觀方策

在野的政友會，以幣原外交爲無爲無策，而攻擊說「帝國因不干涉主義放任一切，就是放棄帝國的權益」㊷，並一直主張「必要時，站在自己見地，與列國協力，以採取適當措施亦所不惜」㊸。

可是，一旦拿到政權，事情卻不那麼簡單。因此，繼承幣原外交的所謂不干涉政策，和政友會所標榜的積極方策，以很奇妙的形式，不和諧地同時並存。

亦即田中組閣以後一段時間，與在野黨時代的聲明相反，非常地安靜。

㈠特派山梨半造到北京，勸告張作霖放棄關內，專心於東三省㊹，

㈡四月廿六日，拒絕英國要求日本在京津地區增兵。

㈢五月三日，對英國大使重新表示沒有意思增遣兵力㊺，

㈣五月六日，在第五十三屆國會，田中對於在野黨新黨俱樂部永井柳太郎的質詢

答說：「我一直認爲出兵要愼重」㊻，而獲得東京朝日新聞「這就跟幣原外交沒有什麼兩樣」㊼的讚譽。

二、五月二十日的訓令

迨至五月二十日，田中內閣成立以後，第一次的結論性的中國政策方針，纔以極機密電報告訴北京的芳澤公使。

「大觀中國最近的政局，

㈠在南方，以蔣爲中心的派，似很認眞地在策劃消滅共產黨，著著圖謀維持秩序。前電第　號和第　號本大臣對駐我國英美代表的談話，乃基於上述的情勢而發。關於南方政權的前途，現在雖無法輕易預斷，但蔣一派如果繼續現在的態度下去的話，最好予他們以『精神上的支持』，幫助其達成政治上的企圖，因此我們應該設法避免蔣一派向武漢開始軍事行動時，張作霖等北方勢力從側面妨礙其行動。與此同時，南北之間如果有成立妥協的可能性的時候，自可適時地促進它，但這主要地還是有待中國人本身的努力，帝國政府或與有其關係的人，絕不可以直接參與此事。

㈡在北方，張作霖今日既率大軍進入關內，並往各方面擴張其勢力，由於其體面，很難在半途撤出關外，但又無力逐出蔣吳等各勢力，插足華中方面以擴大其地盤，因此現在張實陷於進退兩難之苦境，亟需下最大的決心。而要把張作霖從這苦境救出來，實祇有令其放棄武力鎭壓乃政治的要諦這種落伍思想，在其勢力範圍內速收民意，爲維繫衆望，必須即刻實施國利民福的方策之一途；對於共產黨的運動，尤其令張作霖予以嚴格取締。

以上腹案中，關於北方的部份，與張厚畹會面之際，請其轉告張作霖，這是本人對他誠心的勸告，同時對蔣，也表示我對南方的意見。

貴官瞭解以上各點以後，爲前電○○號會議回國之前，希望張作霖和楊宇霆見面，以我與他倆多年來的友誼的忠言，轉達以上所述我兩項趣旨的『吩咐』，並聽取他們對這吩咐的意見。

又，最近蔣方震與奉天代表張厚畹曾經會面，但該項會面與我政府毫無關係，完全是阪西和松井少將的安排；這個會面的結果，據說南北雙方，就在某種條件下停戰，對共產黨採取共同的政策，亦即在純國民主義的旗幟之下，南北雙方各在其部門將從事清共的大綱交換意見，並將分別報告蔣介石和張作霖。

並請轉告上海和奉天總領事」㊽。

這個分析，非常冷靜，幾乎沒有野黨時代政友會的那種「積極方策」的色彩。

三、田中的積極方策

可是，在發出極機密電報四日後的五月廿四日的內閣會議，卻突然決定出兵山東。而在這以前的四月十六日，在外務省和陸軍省官員的會議席上，決定了戰禍迫近濟南時，將撤退日本居民的所謂撤退保護主義㊾。惟黨內的理由，而才改變爲現地保護主義。據說，聽到意外的內閣會議決定的當天晚上，外務省亞細亞局第一課的課員們，大事喝酒，以消彌他們的憂憤㊿。

繼而召開了東方會議。東方的會議的內容本身，並沒有根本地改變日本政府以往的對華政策，但卻很清楚地表明了兩點：自衛在華權益的決心，和對於東三省的維持治安將採取適當的措施。這是田中外交積極方策的表示(51)。

四、它的反應

第一次出兵山東，以及東方會議確定對華積極方策的宣傳，大大地刺激了中國方面的疑心。現在我們來引述上海「時事新報」社論的一部份。

「比鄰居人乘疾痛危難劫之，此爲不友，違背善鄰之宜也。國際間乘火打劫，遂有強權而無公理。日本成立田中內閣，提倡確立對華政策，召集東方會議。今已發表其結果。蓋以我國爲『無主之物』，『無人之境』也。其第一項以不可能成立中央政府，因而決定與地方勢力交涉，其眞意義，唯欲以一國之大皆成爲東三省，皆變成爲特殊地位」(52)。中國這種對日本的不相信，一直繼續下去。

五、東方會議的滿蒙問題

對於滿蒙問題，吉田在東方會議的意見，比諸六月上旬的幾個電報要溫和得多。

「一、東三省在相當期間內維持現在的制度對我們固然很好，但我們去不可太重視張作霖的命運如何。張如能自立，我們可支持他，張如果無力自立而我們硬要支持他的話，則祇有百害而無一利，是即張的命運，應由他自己的力量去決定。

二、我們不可以採取依一張作霖一政權的好意來實現我發展滿蒙的政策，擁有租借地、鐵路、附屬行政權、駐兵權、礦山等其他條約上各種權利的日本在滿洲的力量決非微弱，以往我們的政策，有往往忘記這個事實，為討好張作霖，反而為張作霖所乘，從而達成其目的的傾向。

三、不過我們卻不可亂用我們在滿洲的強固地位，我們應該：⑴滿蒙的發展，由於將行之於中國領土之內，因此必須尊重中國的主權；⑵十分留意中國國民運動的將來：

⑴我們的要求，無論如何必須是合理的，能在世界上公開的；不可再像二十一條要求說這是排他利己的受到列國的非難，重踏在華盛頓放棄在中國獲得的權益的失敗，

⑵為達到這些目的，我們不可依靠武力，而要使中國瞭解日本的要求是正當的，而且對中國有益的，亦即是為了中日的共存共榮。

至於它的具體方策，此時政府應該慎重考究。」㊸。

反此，關東軍司令武藤信義的意見，遠比它積極。武藤認為，應先令東三省政權在東三省東蒙古確立其權力，然後再一步一步地將其勢力擴大到外蒙古㊹。但比諸武藤，在六月六日寄給陸軍省「關於對滿蒙政策的意見」㊺中，暗示以武力來強迫的關

東軍參謀長齋藤恒的主張則更加積極。

一般來講，在滿蒙的現地，自一九二七年三、四、五月前後，由於情勢不安定而有激烈的意見，但自六月中旬左右以後，纔逐漸趨於鎮定。我認爲，這種第一線的空氣，反映了吉田和關東軍意見的變化。

因爲，利用北伐軍的北進稍微停頓的時期，張作霖加強了與孫傳芳和張宗昌的連橫，於六月十八日就任陸海軍大元帥㊻，以潘復內閣（山東、奉天系的聯合）代替顏惠慶內閣（直隸吳佩孚系）㊼，完全掌握了北京政府，由之，雖然祇有一時，張作霖在關內的地位，卻獲得了安定。這種情勢的變化，似緩和了日方在現地的官警的見解。

六、「關於解決滿蒙政情的安定懸案」

爲東方會議，外務省亞細亞局曾經準備了所謂「關於解決滿蒙政情安定懸案」㊽的文件。

(一)爲了安定東三省的政情，必須充實東三省內政的基礎，維持治安，謀求人心的安定，阻止動亂的波及。

(二)爲了安定東三省的內政，必須整理財政，因此應該在不干涉內政的範圍內予以援助。

(三)應該趁這個機會解決爲發展日華雙方的經濟所必須的懸案。

㈣為此，起草整理財政案和敷設鐵路計劃案，以為附加文件。

東方會議討論上述議案的結果，得出整理財政問題由於目前張作霖正在華中、華北擁有大軍，實現困難，但敷設鐵路案卻是實行的好時機，因此宜於即時實行的結論㊾。

惟對其具體方法，並沒有討論，而衹說：

「如上，關於實施我們對華政策的具體方法，對各位，本大臣（指田中首相兼外相）將另行協議」㊿。

第五節　奉天交涉

一、「關於解決滿蒙的懸案」

東方會議結束之後，田中內閣為其「具體方法」最先著手的就是所謂滿蒙懸案。如上面一節所說，外務省以為：「張作霖在內外立於苦境的現在，是促進解決滿蒙諸懸案最適當的機會」(61)，並於七月九日起草詳細的「關於解決滿蒙的懸案」(62)。這等於說，在幣原時代未見天日的吉田的強硬方策被採納了。陸海軍對此案，大體上亦表贊成。

二、七月二十日的訓令

七月二十日，終於發出了吉田所期待著的訓令。

「東三省當局的違反條約以及其他不法措施，近來尤甚，或出於強徵各種不法課稅之舉，或進行如打通線海吉線違反日華協定的鐵路建設。如此大大地阻礙我在滿蒙的經濟發展，因此爲促進滿蒙問題，首先必須表明我方的斷然態度。關於解決諸懸案，固然或可以利誘，或出於斷然的態度等，併用所謂硬軟兼施的政策；但在此時，對東三省當局尤其張作霖，列舉其違反條約及其他不法措施的諸懸案，迫其解決方法，如果東三省當局予以拒絕，或拖延時間，則依左列手段，適時促其熟慮反省，阻止前述不法措施，或強制以後，進入另電第九十一號所示鐵路問題的解決，惟隨交涉的情勢，需要利誘時，可約定將默認增加關稅附加稅二分五厘，或透露另電鐵路問題措施案的一部份或全部。

(一)拒絕東三省當局以南滿鐵路從事軍事輸送。

(二)禁止或壓制對奉天兵工廠供給煤炭等諸材料。

(三)停止京奉線軍用列車通過滿鐵附屬地。

(四)嚴告外務省、陸軍省、關東廳、滿鐵體會政府之意，不可接納東三省當局的希望，今後採取對東三省當局不利的措施。

希望貴官瞭解以上各點，並努力於本件懸案的解決。」63

又，上述所謂另電第九十一號，就是日本方面對左列各鐵路欲依其援助來建設的要求64。

(一)吉會線。吉林、敦化間已經完成；會寧、老道溝間因有輕便鐵路，故不敷設；建設敦化、老道溝間。這是在軍事上連結朝鮮和滿洲而重要。

(二)長大線。長春、大賚間。做爲滿鐵培養線而重要。

(三)新邱線。新邱煤田可能比撫順煤田要好，滿鐵已以第三者名義暗中獲得了它的權利。這是連結新邱煤田與滿鐵線之一個車站的鐵路。

(四)通遼開魯線。爲開發東部內蒙古的鐵路。

(五)齊齊哈爾昂昂溪線。如果建設這條鐵路，經洮昂、四洮兩線，可連結滿鐵線和齊齊哈爾。齊齊哈爾是北滿以黑土地帶爲背後地的黑龍江省城所在地。

(六)洮南索倫線。對它外務省並不大積極，但爲對蘇作戰上需要，陸軍省特別要求加上的。

(七)吉海線和打通線。如前面所述，日方認爲這兩條線違反條約，惟中國方面已經在建設，因此站在發展滿蒙鐵路網的立場，如果對方願意接受前述一項至六項，至少一、二、三項要求的話，我方可以承認其建設這兩條鐵路。

要之，這個訓令是以遮斷京奉線等對抗方策爲王牌，以解決滿蒙懸案，並提出建設上述各鐵路之要求者。惟自所謂二十一條要求以來一直在爭執中的商租權問題，因與廢除治外法權和雜居內地問題有很深的關係，需要配合其趨勢的發展，所以沒有把它放在奉天交涉裡頭[65]。

三、吉田的威壓方策

吉田一步一步地著手於威壓方策。所以，對於中國方面有關東方會議的質問故意不予回答；返奉天的任所後在訪問中國當局之前，意圖予對方以令人害怕的印象。與此同時，令鎌田彌助向中國當局暗示東方會議的結果，日方下了很大的決心，更令「盛京日報」刊登類似日方這種決心之一端的文章(66)。有了這些準備以後，於七月三日面會莫德惠省長，強硬地說明日本的主張，手交在前述第三節第四項有關滿蒙懸案的覺書(67)。

吉田以為威壓對交涉的圓滑具有效果，可是，他的威壓態度卻祇使中國當局確信其推測田中內閣的野心勃勃是正確的。是即吉田沒有得到其所預期的效果。

換句話說，七月二十五日莫德惠訪問了吉田，「拚命以溫顏雜談」(68)，儘量避開話題。迨至吉田催他對覺書回答時，他纔答說將在四、五日內用文書來答覆。這時，吉田竟說「應該知道不得帝國政府支持的奉天軍的前途是什麼」(69)。在另一方面，朝鮮軍將其部隊集結於帽兒山對岸朝鮮領土的中江鎮，吉田以這個示威為後盾，期待著奉天當局的屈服。

四、堀代理公使的躊躇

當時在北京的代理公使堀義貴，也根據東京的訓令，對北京政府開始採取強硬的態度。但在另一方面，他卻非常注目並憂慮因為出兵山東、東方會議以及其他原因，而排日機運甚至澎湃於華北的形勢。七月卅日，堀在其打給外務省的電報最後說：「以最近出兵問題、軍警騷擾事件和一般滿蒙問題爲材料，一直平靜的華北輿論有逐漸趨於險惡的傾向這個事實，請能考慮。」⑳

當時，南軍戰敗，並退到長江以南，情勢對奉天方面有利。因此堀認爲，在這種狀況下，要與奉天當局交涉解決滿洲問題是否適時實有疑問，所以建議至少帽兒山分館問題應該「暫時擱置，以待時機」㉑。

五、吉田的王牌指示

在另一方面，吉田卻非常著急。他把覺書交給莫德惠是七月廿三日，廿五日催對方，卅日訪問奉天軍留守參謀長雙某，示以覺書，並預告將採取的對付手段㉒。但奉天當局仍然沒有要交涉的跡象。迨至八月二日，吉田終於決心要通告或將停止京奉線軍用列車通過滿鐵附屬地。

同一天，吉田向外務省請示：「今後如果再沒有什麼反應，將即時付諸實行」㉓。與此同時，對滿鐵電請其做這種準備㉔。

由於莫省長拒絕面會，因此八月二日未能通告，而於八月四日纔提出㉕。照吉田的想法，對方如果不答應交涉，希望於七日實行封鎖㉖。

第六節　本庄、兒玉的反對

一、本庄的反對

北京公使館武官陸軍少將本庄繁，非常反對吉田的威壓方策。本庄曾經當過奉天軍的軍事顧問，與松井七夫，在當時被認為是最親奉天軍的軍人。他於七月廿九日與張作霖見面的時候，張作霖曾對他一再地主張奉天當局的立場。本庄是不是本來就反對吉田的威壓方策，還是於七月廿九日與張作霖會面，被張作霖說服後纔改變其見解，現在無從知道。是即本庄、張會談的第二天，本庄曾打電報給參謀次長說：

「如假以一些時日，或可以會商方式解決，強硬手段應該留在最後；可是根據吉田奉天總領事給此地代理公使的電報，對於解決懸案的方法，似要先出之以高壓態度，令對方領悟帝國的決心之不尋常，然後逐漸使用懷柔手段，這以前述臨江縣（帽兒山）領事分館問題為其開端，且自始就是一場亂仗。

此種高壓手段，將令偏狹的北方人認為是第二個二十一條，在面子上不但不會接受，反而有煽動人心趨於險惡的可能。有關外交手段，自非小官等之所應插嘴，惟恐目前正在解決中的諸件會頓挫破壞，對中國共產黨支持反共產各派，使其走向穩健政策的根本政策。」⑰

我覺得，歷史常走著極其複雜而彎彎曲曲的道路。在這五個月以前，陸軍不能理解幣原有彈性的，在不干涉內政的範圍內要間接地支持中國反共穩健派的政策，而一味地主張強壓方策。吉田正想採取威壓方策時，陸軍卻堅決反對它。本庄以支持反共各派使其走向穩健政策爲日本的根本政策，並以對帽兒山分館問題日本採取強硬態度爲亂仗。凡此，或會令人懷疑，這則電報，是不是出自幣原之手。

二、吉田的反駁

但是，吉田卻愈來愈強硬。他主張：奉天派對南軍有利的今日纔是解決懸案的良機；不利的時候迫對方的話反而會使其變乖僻，分館問題祇是懸案的一部分，連這種小問題都不能說服對方，其他的大問題更不必談，不趁這個機會使奉天派眞正覺醒，奉天派或將自滅，退一百步來說，現在縱令不是迫其解決的時機，「帝國政府的方針既然決定，如果不將斷然的決心令中國當局徹底瞭解，後難將生，因此請能比本庄武官更徹底地使張作霖領悟。」⑱

根據吉田的看法，對於本庄，張作霖和楊宇霆都「因爲關係親密，所以往往祇說任性的話，因而似有不能令其徹底瞭解帝國政府的決心之憾」⑲。吉田非常焦躁，再三督促東京政府，希望名符其實地實行他的威壓方策。

三、兒玉的反對

對於吉田的主張，不但北京的堀義貴和本庄繁反對，而且關東廳長官兒玉秀雄也反對。他於八月四日，說「與滿鐵軍司令部商議結果有左列諸說」⑳以後，對兼外相的田中做了如下的建議。

第一，京奉線列車之通過滿鐵附屬地乃是基於條約上的權利（這似指一九一一年「關於京奉線鐵路延長之協約。根據這協約，日方承認京奉線通過滿鐵附屬地）。因此，如果單方地一時停止其通過，將是爲了報復中國的違反條約而日本自己來違反條約。

第二，縱令停止其軍用列車的通行，奉天當局如果利用皇姑屯車站的話，或許有些不便，但不會有如日本所意料的痛苦。皇姑屯是瀋陽往北京方面的下一個車站，位於滿鐵附屬地的西邊。所以，如果利用這個車站，其軍用列車不必通過滿鐵附屬地就可以到關內。

第三，一旦出於威脅態度而沒有獲得所預期的效果時，自不得不採取第二種、第三種方法，甚至於需要採取最後手段的決心和準備。

第四，在實行的方法上，滿鐵祇要封鎖京奉滿鐵兩線的交叉點就可以；但是，還得識別究竟是軍用列車還是普通列車，爲此，必須有要用武力到車上去檢查的覺悟和準備。

第五，如果強行吉田的威壓方策，則將予中國當局以採取報復手段的口實。由之，在滿鐵沿線的任何地方，或將產生妨害列車的運行，壓迫住在中國各城市的日本人等情事。對此，我們應該有警備的準備。

第六，如果連一般列車的運行也發生問題的話，日本不僅將受到世人的非難，由於搭乘京奉線的外國人很多，因此很可能引起國際問題。

以上六項，何者是兒玉或關東廳的意見，那一部份是滿鐵和關東軍的見解，實在無法判斷。惟這些都與八月四日在關東廳，該廳山崎外事課長、齋藤關東軍參謀長和滿鐵的一理事會談的結論，大致相同㉛。由此觀之，以最保守的推斷，關東廳和滿鐵應該屬於愼重派。

問題是關東軍的態度。從六月齋藤參謀長之「關於對滿蒙政策的意見」的強硬程度，和翌年高級參謀河本大作等炸死張作霖等等事實看來，關東軍似是吉田威壓方策的支持者。對於這個問題，關寬治做這樣的論斷：齋藤雖曾請求參謀本部支持吉田，惟因受田中首相之命的畑陸軍次官的電報而被阻止㉜。或許因爲當時正在出兵山東，關東軍參謀部從軍事專家的戰術觀點，認爲不是對滿蒙使用武力的時機的愼重派佔上風，而纔沒有贊成吉田的威壓方策。

四、吉田的逐條反駁

對於兒玉的見解，吉田曾經逐條反駁。由於吉田的焦躁之情溢於行間，所以來引述它的全文。這是似發出於八月五日，吉田打給在旅順的關東廳長官的電報㉝。

「關於貴電第八十二號（前面所引述兒玉給田中的電報）：

㈠對他國違反條約可採取相當的對抗措施乃是國際慣例，是您所知道；是即對南京政府的不當課稅，英國正在考慮使用海軍武力。

㈡我鐵路附屬地所在行政權之下，爲使中國當局有所反省，必要時是可以停止中國軍隊及軍用品的通過。

㈢對於第二、第三的手段，帝國政府早有其決心，亦爲您所知道。

㈣請您瞭解：停止列車的運行不是目的，祇要中國當局反省就行。

㈤縱令中國當局會有所反抗，但如果產生您所來示的狀態的話，跟斷絕彼此的關係一樣，鑒於奉軍四圍的現況，危險的當是中國當局。

㈥不以普通列車爲目標，懸案解決案乃爲愼重協議的結果，奉軍現在與南方作對，內外多事，不可能有反抗而產生您所來示的那種重大局面，如要胡來，它將自傷，若忽視這個弱點，將永遠不能解決滿蒙問題，要緊的是在於見機斷行之勇，廟議既已決定，箭頭且已離弓弦，請能協力，以達成預期的目的。」

與此同時，對於外務省，吉田以廟議已決定，而非難兒玉爲什麼還要這樣「多嘴」㊹，並強烈地建議「請著實訓令兒玉長官及其他」㊺。

五、廟議的決定？

在上述吉田對兒玉的反駁之中，有一個重要事實的錯認。即前述七月九日外務省所起草「關於解決滿蒙懸案」，的確是根據東方會議的決議而起草的，並且有關各部會對它在大體上也沒有什麼異議，但卻不是經過內閣會議通過的。換句話說，吉田的奉天交涉並非「廟議的決定」，而祇是經過外相決裁的訓令㊱。

又，細讀前述的原委，制裁手段的通告和實行，奉天總領事應請示外相，由外相決定訓令乃可，並不屬於吉田的裁量。

第七節　半途而廢

一、在北京的動靜

八月六日，本庄與松井七夫一道見了楊宇霆。楊宇霆反駁了日本的要求，本庄、松井乖乖回去㊲。

過兩天，本庄與松井和張作霖會面。據說，張作霖以不堪痛惜的神情反駁了日本的要求㊳。

九月，在東京，外務次官出淵勝次請中國公使汪榮寶來訪，提出解決懸案的要求，汪公使遂將其電呈北京外交部。

九月十日，堀代理公使訪問並說服楊宇霆，但楊宇霆一點也沒屈服。

同一天，大倉組北京辦事處的河野久太郎恰好訪問了外交總長王蔭泰。這時楊宇霆請王總長，於是王蔭泰遂往訪楊宇霆，河野與楊宇霆同行。楊宇霆說了許多「哭訴之言」㊴，並說，對於帽兒山問題，不必短兵迫急，可以商議方式謀求解決；鐵路問題，贊成日方的計劃；其他懸案，祇要給中國面子，自有答應日方的方法。在這個席上，據說楊宇霆曾經請河野趕赴奉天去說服吉田。同一日，河野亦與張作霖見面，張作霖「雖鳴不平，但內心卻非常煩惱的樣子」⑨⓪，張作霖並說如果以他的私有財產為抵押，而能夠替他設法一千萬元的話，可以答應日方的要求；王蔭泰更慫恿河野經營黑龍江省的金山，顯示好意。

受了在北京奉天派要人之意的河野，於八月十二日由北京動身，往奉天出發，與吉田面談，向吉田說明在北京的以上經過，希望「阻止軍用列車的鞭子，對中國最具效力，因此這支鞭子不要輕易地使用」⑨①。

根據本庄的觀察，楊宇霆和王蔭泰一邊憤慨，一邊憂慮，張作霖則「祇是大聲喊叫，並無任何對策」⑨②。

奉天當局並沒有拒絕一切交涉。他們似乎討厭奉天的吉田、莫德惠路線，而願意在北京交涉。軍事顧問松七夫與外交部秘書陶尙銘，於九月十一日由北京前往奉天與莫德惠會議，商量擬轉到北京交涉事宜。將此事向外務省報告的堀代理公使的電報，把北京的交涉稱為「本筋交涉」⑨③（「本筋」有主要的意思—譯者），由此可見堀對奉天交涉不滿的一斑。

本庄眼看中國人的對日感情日趨惡化而非常憂慮。八月十二日，他給南次郎的電報末尾這樣說著：

「最近我內地報紙以東方會議的結果，大事報導對滿鐵路政策和土地問題的解決等等，但不僅不說明這對中國有利，而且祇說這是我政府的強制行爲，或以有如臨我領土的筆法來報導，這些由中國報紙所刊載，而致使疏遠中日之間，殊屬遺憾。」(94)

二、外務省的選擇

若是，外務省做了什麼選擇呢？

這裡有八月十日左右寫成的高裁案(95)紀錄。在這個紀錄裡，敘述了吉田、本庄和堀的意見的要點之後說：

「關於解決滿蒙懸案的我方針，要之在於併用硬軟兩樣政策以期達到目的，……如此次吉田總領事之意見……即時要實行強硬手段，不無過急之感」(96)，亦即反對吉田的即時威壓方策。其對策，應該是：

「(1)令吉田密切注意奉天當局的態度和北京的交涉經過，同時令北京的堀和本庄與吉田應努力於懸案的解決：

(2)關於強硬手段，目前旅行上海方面的芳澤，回到北京任所看交涉結果，與滿鐵新社長山本協議以後，再愼重地考慮其具體方法」(97)。

要之，外務省所採取的手段，並非吉田所構想的那麼富有威壓性，但卻也不像堀要把帽兒山分館問題單獨暫時擱一下的提案那麼柔軟；而是不徹底的做法。對於堀，訓令說不能同意其見解，但對帽兒山分館問題不可含混不清；對於吉田，則訓令要其對奉天當局祇暗示強制手段，但強制手段的實行應該暫緩(98)。

一句話，不用制裁手段，繼續交涉。而從結果來看，使用令人害怕的恫嚇，暗示制裁手段，祇是挑逗對方的憎恨，而並沒有得到任何具體的讓步。

三、森恪的旅順行

日後的滿洲合併論者，黨的實力者外務政務次官森恪，一上任就召集外務省幹部，予以訓話，以圖掃除幣原色彩。這個「其氣焰不可當」[99]的森恪，在這硬軟兩論的漩渦中，究竟是什麼態度呢？他是經常攻擊幣原外交爲軟弱外交，是東方會議的主角，和對華積極方策的主張者。我認爲，在外務省最支持吉田的奉天交涉者當是森恪。

對於當時悠哉遊哉地正在華中旅行觀察的芳澤，電令其已進入迫切的重要時期，取消預定速返北京任所者就是森恪[100]。這個電報雖然是以田中名義發出的，但在其開頭卻說「由森恪政務次官對芳澤公使……」，因此可能未經田中核可而由森恪指示的。若是，森恪的意思是，不要吉田回國，而要芳澤趕緊返任所，以便加以更大的壓力。

在另一方面，對於吉田的強壓手段，芳澤似很吃驚。於是照會森恪說：「吉田總領事的通告，是否經過政府的承認後發出的，請電告到上海」[101]。

對於這，森恪的答覆是：「外務省需要支持它，切望貴公使協力援助」[102]。

當時，出淵次官、佐分利條約局長、木村亞細亞局長以下外務省幹部，都是所謂幣原時代留下來的；而前述的電報，反映了森恪不管怎樣叱吒都束手無策的外務省的空氣。基於這種認識，在外務省促進奉天交涉的中心人物應該是森恪。

這時，外務省很困擾。對於該不該採取強壓手段這個問題，理當議論百出，不知所從。惟於八月十日，「爲好好協議……」[103]，森恪決定到大連。森恪的用意一定是想指揮芳澤，鼓勵吉田，把關東廳、滿鐵和關東軍的意見指導到強硬的方向去。

對於吉田所發出森恪出差大連的訓令說「不幸，對於本件的交涉，貴地（奉天）與北京之間步調不一致，因此怕你的苦心不會成功」[104]而纔要召開會議。這充分說明了外務省的困惑。

不過，反對奉天交涉的，實別有人在，而這個人就是田中自稱他爲「我的分身」[105]，並懇請其出任滿鐵社長的山本條太郎。大約從這個時候起，山本徵得田中的許諾，已經私下與張作霖就建設滿蒙鐵路問題進行交涉了[106]。

八月十二日，在首相官邸，山本偶然碰到出淵。山本「以有點興奮的態度」[107]對出淵諷刺說，因爲帽兒山分館這種不是頂重要的問題，日本如果採取強硬方策，則將嚴重地影響鐵路問題，所以他不必那麼急於到滿洲上任。對山本，曾經爲幣原之親信的出淵則主張說，吉田的做法雖然有些過分，但張作霖之所以增長其勢力，是因爲日本一味祇求事業的發展所導致的態度。是即比諸在野黨時代曾經主張對華積極方策的政友會幹事長的山本，出淵卻站在辯護強硬方策的立場。

由此可見，政友會內閣實含有各種各樣的對華方策的可能性。山本條太郎不但是森恪在三井時代的上司，而且做爲實業家，森恪與山本，更是小巫見大巫。因此在山本面前，森恪根本抬不起頭來。

不特此，反對森恪者，不祇是山本。在這個時期，田中本身，可能是因爲山本的說服和他的親信佐藤安之助（佐藤雖然是軍人出身，但對中國，他卻一向主張柔軟的政策）的影響，似已經走上與森恪和陸軍強硬派不同的道路。據說，五月底出兵山東的時候，森恪曾以「如果田中不同意，我要他辭去總裁」這種強硬壓力，令廟議決定出兵，但對於出兵，田中本身去一再躊躇，不知應該如何是好⑱。

因此，我認爲，田中也是可能反對實行遮斷京奉線的。

四、大連會議

八月十五日，在旅順關東廳長官官邸加開了會議。它雖然俗稱爲大連會議，但在實際上其會場是旅順。一般都說，這個會議是討論滿蒙鐵路等要求案件的重要會議，但實際上並非如此。

參加者除森恪外還有兒玉秀雄、武藤信義、關東軍參謀長齊藤恒、本庄繁、松井七夫、芳澤謙吉和吉田茂。在森恪主持之下，協議的結果是：「決定公使返任所後在北京……對奉天當局幹部開始交涉，與我政府機關互相呼應，協力一致，努力於達成來訓的目的」⑲。

會議一開始，森恪便說對於奉天交涉雖然有各種批評，但這個交涉是遵照政府意思而行的，所以請各位支持。但是，兒玉卻批評說，對這樣重要的問題，需要政府各機關的協調和聯絡，在這方面，由迄止今日的經過來講，確有不少遺憾的地方。繼而松本七夫攻擊說，軍方從未考慮過這種強制手段，更沒有同意過阻止軍用列車案。

因此，決定停止奉天交涉，另外在北京開始交涉，迨至談到懸案的細目交涉時，纔來隨時變更交涉地點和交涉對手(110)。

於是森恪遂不得不做這樣的結論：「對於繼續交涉一點，已得參加者各方面的同意，因而達到我來滿的目的」(111)，而結束這次會議。

其次，吉田也以「如太強硬主張它，不知芳澤公使的感觸如何」(112)，而讓了步。

如此這般，虎頭蛇尾般地，遮斷京奉線案終於永久未見天日。

五、其果實

於是，芳澤返北京任所，充分準備後，於八月廿四日訪問張作霖，重新以很溫和的態度開始交涉滿蒙懸案。惟時在東方會議和大連會議剛開不久，且這兩個會議被宣傳爲策劃強硬方策的會議，因此，中國方面也把芳澤的北京交涉認定是這個強硬路線的延長，而在報刊大爲宣傳。連日本的報紙，譬如「大阪每日新聞」，也把芳澤的北京交涉，以四欄標題爲：「依東方會議的結果，滿蒙交涉開幕，芳澤公使與張作霖會面，大談中日兩國經濟的接近」(113)。

所以，中國方面當然對它表示懷疑和反抗。於是排日示威日趨激烈，迨至九月上句，排日運動終於波及東三省的主要都市，由之日方遂不得不一再地提出抗議。可是，在交涉方面日本不但沒有獲得任何成果，而且被投擲排日運動這個意外的負的果實。這跟軍事學上的所謂兵力的逐漸遞投很相類似，可以說是外交技術上祇有導致半途而廢的最差結果的最好例子。

因此，芳澤在北京的交涉自然不會順利，在另一方面，撇開芳澤，山本同時進行鐵路的交涉，是即日方的混亂仍然在繼續。山本、張作霖的鐵路協定雖然終於成立了，但日本和張作霖的關係卻並沒有因此而好轉，更違背田中和山本的本意，張作霖竟被河本大作等人所炸死。

結語

田中義一以政友會為本錢組織內閣的時候，日本政府所能採取的對華政策的選擇餘地相當地大。它既可以忠實地承襲幣原外交的撤僑保護主義，也可以積極地以武力來干涉中國內戰。從國際環境來說，日本不但具有能夠做主動選擇的條件，而且在國內，政友會內部和政府內部有各種各樣的份子，以各種各樣的形態參加過政策的形成。

自來，現代國家在形成其複雜的政策過程中，有各種各樣的份子參與，並作各種各樣的主張。因此，形成政策的參加者的發言機會愈多，各人的自我運動的範圍愈廣，則論者對該國家政策的解釋餘地也就會愈大。

所以，對於田中內閣的對華政策，如果祇看其所謂「積極外交」的一面，那麼田中內閣或可以解釋爲眞的想實現所謂田中奏摺。

不過在實際上，田中外交是沒有計劃的，是由各種各樣的要素毫無統一地揉合而成的。因此，如上面所分析，譬如對於遮斷京奉線這個案件，政府內部分裂，政友會內部也分裂，而終於半途而廢。

如此這般，日本要用兵中國大陸，必須等待能使日本國民激昂的事件（例如濟南事件）的爆發。尤其是日本社會的矛盾暴露，社會產生心理上不安，人人希冀革新或改變現狀的時候，如果發生這種事件，國民是一定會熱烈支持出兵的。而這，必須等到一九三一年。

註釋：

① 馬場明「第一次山東出兵與田中外交」（「亞細亞研究」第十卷第三期，一九六三年十月號）五〇—七七頁。

② 一九二七年六月四日「大阪每日新聞」。

③ 田中—方澤，六月二日發出，外務省縮影軟片，P.V.M. 41,PP.11-14.

④ 芳澤—田中，六月十日寄達，外務省縮影軟片，P.V.M. 41, PP.15-26.

⑤吉田—田中，六月九日寄達，同右，PP.27-31.

⑥吉田—田中，六月十日寄達，外務省縮影軟片P.V.M. 41,PP. 32-37.

⑦吉田—田中，六月九日寄達，同右，PP. 29.

⑧同右，PP. 33-34

⑨同右，PP. 36.

⑩同右，同頁。

⑪一九二七年六月四日「時事新報」。

⑫一九二七年六月十日「東京日日新聞」。

⑬吉田—田中，一九二七年六月十二日寄達，外務省縮影軟片P.V.M. 23, P. 34.

⑭同右，三四頁。

⑮同右，同頁。

⑯同右，三六頁。

⑰外務省編「日本外交年表及主要文書」，一九五五年，日本國際連合協會出版，四二三頁。

⑱對支功勞者傳記編纂會編「續對支回顧錄」，東京大日本教化圖書公司出版，一九四一年，下卷，八九二頁。高倉徹一「田中義一傳記」，東京，田中義一傳記刊行會出版，一九六〇年，上卷，六二九頁。

⑲葛生能久「東亞先覺志士記傳」，東京，黑龍會出版，一九三六年，中卷，六三四頁以下；下卷，六六九頁。對支功勞者傳記編纂會編「對支回顧錄」，東京，東亞同文會出版，一九三六年，下卷，一三五五—五五頁。

⑳栗原健「第一次第二次滿蒙獨立運動」，收於日本國際政治學會編「國際政治—日本外交史研究，大正時代」一書，東京有斐閣出版，一九五八年八月，五二頁以下。

㉑前述「日本外交年表及主要文書」·下卷，六二頁。

㉒外交時報社編「中國及滿洲關係條約及公文集」，東京，外交時報社，一九三四年，八一三頁。

㉓同右，八一三—一四頁。

㉔同右，同頁。

㉕所謂四頭政治，就是由日本外務省、關東軍、關東廳和滿鐵四個單位作主的政治。

㉖栗原健「關東都督府問題提要」（載於「國史學」創立五十周年紀念特集號，一九六〇年三月）一九一—九二頁。江口圭一「郭松齡事件與日本帝國主義」（「人文學報」第十七號，八六頁）。與上述對張政策的同時，當滿洲的治安頻於危殆的時候，日本政府都增派了軍隊。這些隨時之增兵，究竟是為了什麼，到底發生了些什麼作用，其真相實有待於今後的研究。

㉗前述「日本外交年表及主要文書」下卷，二二一—二二三頁。
㉘同右，二三頁。
㉙同右，三一頁。
㉚以上所述，乃就日本政府的正式決定。至於有關這種政式決定背後的種種，池井優「第一次奉直戰爭與日本」（收在「英修道博士還曆記念論文集編集委員會編「外交史及國際政治的諸問題」東京，慶應通信發行，一九六二年出版），與其「第二次奉直戰爭與日本」（「法學研究」，第三十七卷第三號）有詳細的說明。
㉛野村浩一「滿洲事變前的東三省問題」（日本國際政治學會編「國際政治—日本外交史研究，中日關係的展開」，東京有斐閣出版，一九六一年三月）七八頁。前述池井優的「第二次奉直戰爭與日本」。
㉜外務省縮影軟片P.V.M.23, P.455.cd
㉝吉田—田中，一九二七年四月廿二日到達，外務省縮影軟片，P.V.M.30, P.1055.
㉞同右，同頁。
㉟木村—吉田，一九二七年三月二十四日私信，外務省縮影軟片，P.V.M.23, P.21.
㊱本庄—南（次郎，參謀次長），一九二七年八月九日寄達，外務省縮影軟片P.V.M.23, P.201.
㊲作者不詳「關於滿蒙的政情安定及懸案的解決」，外務省縮影軟片P.V.M. 41,

P.176.

㊳外務省縮影軟片P.V.M.41, P 224-5.

㊴一九六四年四月八日，在中央大學舉行的國際法學會春季大會席上的談話。

㊵吉田─木村，一九二七年八月十八日寄達，外務省縮影軟片P.V.M.13, P.704.

㊶吉田─木村，一九二七年四月廿一日私函，外務省縮影軟片，P.V.M. 23, P.2355.

㊷一九二七年四月十一日「東京朝日新聞」。

㊸四月十六日，田中總裁在政友會臨時大會的演說。高倉徹一「田中義一傳記」下卷，東京，田中義一傳記刊行會，一九六〇年，五四八頁。

㊹鈴木貞一的談話，一九六四年三月廿四日。鈴木於六月間，以山梨上將的隨員到北京。鈴木説，聽了山梨之勸告的張作霖非常憤怒而說：「我不幹，我不幹」。

㊺馬場明「第一次山東出兵與田中外交」（「亞細亞研究」第十卷三號，一九六三年十月）五二頁。

㊻松村謙三「永井柳太郎」，東京，勁草書房，一九六一年，二四二頁。

㊼一九二七年五月八日「東京朝日新聞」。

㊽田中─芳澤，一九二七年五月二十日發出，外務省縮影軟片，P.V.M. 41, PP.5-8. 關於這個訓令做這樣情況判斷的背景，請參閱前述馬場明的論文五三─五六頁。

㊾前述馬場明的論文，五一頁。

㊿ 前述柳井恒夫的回憶。至於有關決定出兵的背景、經過及其影響，西本昇平「第一次山東出兵」（未發表），和前述馬場明的論文有詳細的論述。

51 臼井勝美「昭和初期的中日關係」（讀史會創立五十周年紀念「國史論集」）。同時請參考關寬治「滿洲事變前史」（日本國際政治學會編「到太平洋戰爭的道路」，朝日新聞社，一九六五年出版，第一卷）。

52 「上海周報」，第七四二期，上海申壬社發行，第九頁。

53 外務省縮影軟片P.V.M. 41, PP.351-354.

54 同右，P.353.

55 陸海軍檔案縮影軟片T.635,reel 103. F11626.

56 「張大元帥哀輓錄」第一編「行誼」一五頁。

57 淺野虎三郎「大元帥張作霖」，大連，日華實業社，一九二七年，一六六－一六八頁。

58 外務省縮影軟片P.V.M. 41,PP.422-430.

59 同右，PP40-41.

60 前述「日本外交年表及主要文書」下卷，一〇二頁。

61 外務省縮影軟片P.V.M. 23,P.57.

62 同右，P.57ff.

63 田中—吉田，一九二七年七月二十日發出，外務省縮影軟片，P.V.M. 23, P.94055.

64 同右，PP.57ff,944ff.

65 同右，P.950.

66 吉田—田中，一九二七年七月二十三日發出，外務省縮影軟片，P.V.M. 23, P.121ff.

67 同右，P.124ff.

68 吉田—田中，一九二七年七月二十六日發出，外務省縮影軟片，P.V.M. 23, P130.

69 同右，P.131.

70 堀—田中，一九二七年七月卅日到達，外務省縮影軟片，P.V.M. 23, PP.138–139.

71 堀—田中，一九二七年八月二日到達，外務省縮影軟片，P.V.M. 23, P.143.

72 吉田—田中，一九二七年八月一日發出，外務省縮影軟片，P.V.M. 23, P.144.

73 吉田—田中，一九二七年八月二日發出，外務省縮影軟片，P.V.M. 23, P.147.

74 吉田—田中，一九二七年八月二日發出，外務省縮影軟片，P.V.M. 23, P.155.

75 吉田—田中，一九二七年八月五日到達，外務省縮影軟片，P.V.M. 23, PP.189–191.

76 吉田—田中，一九二七年八月五日到達，外務省縮影軟片，P.V.M. 23, P.175.

⑰本庄—南，一九二七年七月卅日發出，外務省縮影軟片，P.V.M. 23, P.149ff.

⑱吉田—田中，一九二七年八月三日到達，外務省縮影軟片，P.V.M. 23, P.159.

⑲吉田—田中，一九二七年八月三日到達，外務省縮影軟片，P.V.M. 23, P.164.

⑳兒玉—田中，一九二七年八月四日，外務省縮影軟片，P.V.M. 23, P.171.

㉑山崎—木村，一九二七年八月十七日，外務省縮影軟片，P.V.M. 23, P.329ff.

㉒關寬治，前述論文，四五七頁，註7。

㉓吉田—兒玉，一九二七年八月五日副本寄達外務省，外務省縮影軟片，P.V.M. 23, P.191ff.

㉔吉田—田中，一九二七年八月五日到達，外務省縮影軟片，P.V.M. 23, P.194.

㉕同右，同頁。

㉖田中—吉田，一九二七年八月六日發出的電令，對吉田就此事有所注意。（外務省縮影軟片，P.V.M. 23, P.216.）

㉗本庄—南，一九二七年八月九日到達，外務省縮影軟片，P.V.M. 23, PP.298–299.

㉘本庄—南，一九二七年八月九日到達，外務省縮影軟片，P.V.M. 23, P.258.

㉙吉田—田中，一九二七年八月十四日到達，外務省縮影軟片，P.V.M. 23, P.303.

㉚同右，三〇三—三〇四頁。

㉛同右，三〇四頁。

⑨本庄―南，一九二七年八月十二日到達，外務省縮影軟片，P.V.M. 23, P.298-299.
⑬堀―田中，一九二七年八月十一日到達，外務省縮影軟片，P.V.M. 23, PP.697.
⑭本庄―南，一九二七年八月十二日到達，外務省縮影軟片，P.V.M. 23, P.301.
⑮所謂高裁案，乃是等待上司決裁的案。
⑯起草者不明高裁案，外務省縮影軟片，P.V.M. 23, PP.183-184.
⑰同右，一八五―一八六頁。
⑱田中―堀，一九二七年八月四日發出，外務省縮影軟片，P.V.M. 23, P.187ff.
⑲田中―吉田，一九二七年八月五日發出，外務省縮影軟片，P.V.M. 23, P.200ff.
⑩木村亞細亞局長談，山浦貫一編「森恪」，東京，森恪傳記編纂會，一九四〇年，五八〇頁。
⑩田中―矢田（上海總領事），一九二七年八月八日發出，外務省縮影軟片，P.V.M. 23, P.220.
⑩矢田―田中，一九二七年八月九日到達，外務省縮影軟片，P.V.M. 23, P.219.
⑩田中―芳澤，一九二七年八月十日發出，外務省縮影軟片，P.V.M. 23, P.267.
⑩田中―吉田，一九二七年八月十日發出，外務省縮影軟片，P.V.M. 23, P.695.
⑩原安三郎編「山本條太郎傳記」，東京，山本條太郎翁傳記編纂會，一九四二年，

五三〇頁。

(106)「關於滿洲問題與山本滿鐵社長會談之事」，外務省縮影軟片，P.V.M. 23, P.310ff.

(107) 同右，三一二頁。

(108) 前述山浦貫一編「森恪」，六〇九頁。

(109) 吉田－田中，一九二七年八月十六日到達，外務省縮影軟片，P.V.M. 13, P.704.

(110) 吉田－木村，一九二七年八月十八日發出，外務省縮影軟片，P.V.M. 13, P.704.
吉田－田中，一九二七年八月廿三日發出，外務省縮影軟片，P.V.M. 13, P.705.

(111) 吉田－木村，一九二七年八月十八日發出，外務省縮影軟片，P.V.M. 13, P.704.

(112) 吉田－田中，一九二七年八月廿三日發出，外務省縮影軟片，P.V.M. 13, P.706.

(113) 一九二七年八月廿五日的大阪「每日新聞」。

【補稿】

寫完本文後，曾經在奉天總領事館當過領事的森島守人，曾寫篇「談林久治郎先生」的悼文，發表於一九六四年八月號的「霞關會會報」。林久治郎是吉田茂的後任奉天總領事。該文對於遮斷京奉線問題有下面一段話：

「本來滿鐵的權益是繼承帝俄的權益而來的，小村壽太郎外相一從朴茨矛斯會議回國，就抱病到北京，與清國政府協定此事的善後處理，在當時，這是史無前例的大戰之後，也有不少不能即時解決的條件。這些懸案遂留給中日雙方當局去處理，而於一九〇九年伊集院駐華公使時代所成立有關「滿洲五案件」的協約就是其中的一項。

在上述協定第五條，日本承認了清國所有京奉鐵路（北京、奉天城內的鐵路）可以延長到奉天。這個延長線，也延長到奉天城內的兵工廠，當時，張作霖專心於軍事，且時或進軍關內，因此在由兵工廠輸送軍需品到京津方面得到許多方便。

所以，吉田總領事要阻止京奉線之橫過滿鐵的措施，對於當時已經插足北京方面的張作霖，確是當頭棒喝。吉田是想先予對方以這樣的打擊以後，再來跟張作霖政權進行交涉，可是，突然從旅順方面亦即關東軍和關東廳提出時機過早的反對主張。我認爲，政府和關東軍此時應該利用吉田的這種強硬手段，惟中央方面，以沒有獲得關東軍全面的贊同，而沒支持吉田總領事，於是吉田總領事遂立於拔出寶刀而進退維谷的立場，因此終於以病爲由，暫時住進奉天日本紅十字醫院，爾後以靜養的名目，回到國內。」

我覺得，這是由外務省所看有關遮斷京奉線問題的簡單而扼要的描寫。

譯註：

①文中的地名，因為行文關係，皆照原文，譬如奉天、北京等等。

②原作者衛藤瀋吉先生，出生於瀋陽，現任東京大學國際關係論教授。

③本文譯自衛藤瀋吉著「東亞細亞政治史研究」一書。

一九八〇年七月廿三日於東京

（原載民國七十年一、二月號『東方雜誌』）

第五章　抗戰期間日本對中國和平工作史

前言

本文以概論日本從事對中國結束戰爭的工作為目的。我之所以從一九三七年談起，是因為日本對中國的全面戰爭事實上始於一九三七年，一九四一年十二月進入太平洋戰爭以後，對結束中國的戰爭工作，在整個戰爭局面中，所佔比率顯著下降，變成次要的事體。由於一切工作皆在秘密中進行，而即使有結果也沒有紀錄，加以資料或有所偏和不足，因此在今日（本文發表於一九五八年—譯者），我無法斷定其事實的眞僞。所以本文偏重於敘述，欠缺分析，是為日後之研究的進步而撰寫的。故請各位讀者不吝指教。尤其在今日因中國的政治情勢下，可能會被誤解為與日本帝國主義通款的和平工作，一直保持沉默的這個事實，更使本文不夠周密和嚴謹。又由於字數的限制，而不得不割愛對資料的批判。為彌補這個缺陷，我請教了好幾位先進，因而對於新井寶雄、有末精三、池田幸光、今井武夫、栗原健、田尻愛義、種村佐幸、戶根木長之助、野村宣、林三郎、宮崎世龍、山崎重三郎、渡邊渡（以日語五十音為順序）諸位先生，我特別要表示謝意。

第一節　陶德曼調停

一、軍事專家的現實主義

現在能夠動員的師團爲三十個師團，其中只有十五個師團用於中國方面，因此不可能展開全面戰爭。所以依現況全面戰爭化是很危險的。其結果將與西班牙戰爭的拿破崙一樣，陷入無底的泥沼，故最好將華北的全部軍隊，展開於山海關滿支國境。並由近衛文眠首相親自飛往南京，與蔣介石促膝面談，以解決日中的根本問題①。

據稱，七七事變後的一九三七年七月十八日、參謀本部的石原莞爾第一部長，曾對松山元陸相和梅津美治郎次官提出了以上的建議。

如所周知，石原是對蘇強硬派，在七七事變大約一個月以前，於外務省幹部會議席上，他曾經這樣說過：

在國防上，我們最應該關心的是預防蘇聯。所以絕不能對中國用兵。祇要我在世一天，斷不許對中國出一兵卒②。

當時所謂不擴大派軍人③所共同擁有之作爲軍事專家的現實主義④，雖然欠缺政治上的遠見⑤，和對「軍之威信」的妄執⑥，但卻爲形成軍之意志的重要因素。當戰火擴大到整個華北時，最盼望開始和平工作的，無非是這些陸軍的軍人。

二、船津工作

七月三十一日，軍務課長陸軍省柴山兼四郎往訪外務省東亞局長石射豬太郎，與其商量有沒有可能使中國提出停戰的方法。石射說：「軍在面子上，拘泥於停戰希望由中國方面提出來，但沒有工夫去顧慮這些。我有我的辦法。」⑦從此以後，以石射私案爲藍本，經陸軍、海軍、外務三省共同一再討論，得出「全盤調整日支國交要綱案」⑧和「日華停戰條件」⑨二案。在這二案，日本有很大的讓步。

確定這二案以前，石射以要使雙方正在交戰中的日華兩國政府，馬上進入外交交涉談何容易，乃建議先透過個人向對方表示有收拾局面的可能性，令這個人緩和國民政府的抗戰意識，遂請曾任外交官，其人正在東京的在華紡績（紡紗）同業會理事長船津辰一郎，與跟他有深度交情的國民政府外交部亞洲司長高宗武接觸。船津乃於八月四日由東京出發回到上海，由上海總領事拿到上述二案的電報以後，便與高宗武接觸（八月九日）。

可是駐華大使川越茂，卻無視反應石射想法的外務省訓令，以大使身分介入船津工作，親自與高宗武會談，加以爆發了大山勇夫大尉事件，戰火波及上海，船津工作遂無疾而終⑩。

三、陶德曼調停

有人說，石原第一部長曾令負責與德國大使館武官奧特的第二部員馬奈木中佐兼職第一部，與奧特進行日華和平交涉，奧特於七七事變後帶著馬奈木中佐前往上海，與德國駐華大使陶德曼談有關斡旋日華和平事宜⑪。

交涉於十一月七日，移交德國駐日大使逖爾克先（Herbert Von Oirksen，1882–1955）和日本外務省，並由新設立的大本營政府聯絡會議重新審議和平條件。當時，表面上的軍事性成功，似令陸軍內部的大部分意見認爲不必由德國出面調停，在首相、陸、海、外四相會議決定要接受德國調停的隔日，陸相杉山往訪外相廣田表示：不擬接受調停，對此首相也贊同了（杉山爲很溫厚的人，但做爲官員似無定見）。這是在此種氣氛之下，和佔領南京後的十二月十四日，所召開的大本營政府聯絡會議。而且外務省提出的原案，已經與船津工作時不同，係以戰勝者的姿態對待中國，加上會議席上內相末永信正、陸相杉山、財相賀屋興宣等人的強硬要求，條件遂更加苛酷。連被視爲不擴大派領袖的參謀次長多田駿也贊成加重條件，而應該護航外務省原案的外相廣田，竟一言未發⑫。

加重條件的此案，於十二月二十一日獲得內閣會議通過，二十二日交給了逖爾克先。

四、和平條件

我們比較船津工作時所決定，在十月一日四相所決定「支那事變對處要綱」⑬大致角度確認⑭的和平條件，和陶德曼調停時的條件時，其要點如下。現在我們暫將前者稱爲A案，後者爲B案。

㈠駐兵：A案，沒有。B案，「在華北內蒙華中之一定地區」「必要的期間」要保障駐兵。
㈡滿洲國：A案，約定「隱約之間」不提。B案，要求國民政府承認。
㈢非武裝地帶：A案，華北之一部分。B案，華北、內蒙以及華中佔領地區。
㈣賠償：A案，沒有。B案，賠償戰費。
㈤停戰：A案，停戰後「將過去糾葛附諸東流，為實現兩國眞正親善進入『新政』」。B案，成立協定後再談停戰協定。

五、第一次近衛聲明

如上所述，由於大大加重了和平條件，因此據稱迻爾克先曾對廣田說，蔣介石可能不會接受⑮。翌（一九三八）年一月十四日，國民政府回答：日方所提條件不夠詳細，希望能進一步說得更具體。日本內閣會議以其爲中方的遷延方策，毫無誠意。參謀本部從作爲軍事專家之現實主義的立場，極希望繼續這個交涉⑯，認爲發表「不以國民政府爲對手」是阻擋解決事變之路而予以反對，並與政府特別是陸軍省尖銳對立。但最後還是政府佔上風，十六日迻爾克先拒絕調停，繼而發表了「不以國民政府爲對手」的第一次近衛聲明⑰。由之，日本予中國人以天大的不信任感，自絕和平之路，迫國民政府不得不走上徹底抗戰路途，日本因之掉進長期戰的泥沼。

六、宇垣、孔祥熙工作

一九三八年五月，決定改組內閣的近衛，接受取代廣田外相職位的宇垣提出四個條件：㈠強化和統一內閣；㈡一元化外交；㈢要對中國開始和平交涉；㈣必要時要取消一月十六日的近衛聲明⑱。

在此之前，萱野長知⑲應上海派遣軍司令官松井石根之懇請，尋求著處理事變的路線⑳，據稱於一九三八年六月左右成功於確保板垣征四郎陸相→萱野長知、松本藏次，中村豐一總領事→賈存得（據說由孔祥熙授意），居正夫人→孔祥熙→蔣介石的路線㉑。

可能是因爲萱野努力的結果，喬輔三（據云爲前山西大學校長，孔祥熙的親信）這個人於六月二十六日，暗訪中村香港總領事，代表孔祥熙，向中村提出擬建立以宇垣新外相爲對手的和平路線㉒。一向希望與國民政府接觸的宇垣馬上同意，並在陶德曼調停時的和平條件上加上蔣介石的下野，提高中村與喬輔三交涉㉓。不久，孔方提出要直接會談，惟因設立興亞院問題，宇垣辭職㉔，後任的近衛兼任外相斷絕了與孔祥熙的接觸㉕。

七、離間政要工作

如此這般一方面與國民政府接觸，另方面近衛內閣決定在佔領地「起用」能建立新政權的「一流人物」，「雜軍的懷柔歸服工作」和「利用操縱反蔣系實力派」㉖。爲推動這項工作，陸軍特別設立土肥原（賢二）機關，內閣更以老中國通，陸軍中將阪西利八郎和海軍中將津田靜枝爲首，組織特別委員會，以協助陸軍的特務工作[27]。「一流人物」，意味著吳佩孚、唐紹儀、靳雲鵬等人，他們雖然曾分別展開工作，但都歸於失敗，同時也透過軍人的個人管道展開了李宗仁、閻錫山等的歸順工作，但也未能獲得其所期待的效果[28]。

此時，如後面所述，已經開始汪精衛工作，即近衛內閣一時擁有汪精衛路線，萱野・中村・孔路線的兩個管道與國民政府保持接觸；與此同時，進行「起用」反國民政府的「一流人物」和「歸順工作」。

這些工作，皆各搞各的運動，因而互相牽制，從而削弱了其效果。

第二節　和平工作與汪政權

一、日華協議錄

日本參謀本部於一九三八年二月，與前中國外交部日本課長董道寧接觸，旋即透過外交部亞洲司長高宗武，確保了周佛海、汪精衛的路線。代表汪的高宗武和梅思平，與代表日方的陸軍省軍務課長影佐禎昭和參謀本部支那課員今井武夫，聚會於土肥原公館重光堂，談判和平條件，徵得板垣陸相和多田次長的同意，於二月二日擬就所謂日華協議錄，由他們四個人簽了字。當初，汪以爲只要身爲國民黨元老的他決定與日本和平，國民政府內部一定會有很多人響應，從而能使國民政府轉向和平，而即使不能使國民政府轉向和平，應該會有許多同志前來西南地區一起建立和平的新政府㉙。日方也順這個方針，修改第一次近衛聲明，而於十一月三日發表了第二次近衛聲明：「當然國民政府如能放棄其從前之指導政策，改變其人事結構以舉更生之實，與我共同建設新秩序，（日本政府）自無意予以拒絕。」

但事與願違，十二月汪等少數同志出走重慶到達河內，具有軍事實力者卻一個人也沒有前來，汪躊躇四個月之後，束手無策，終於一九三九年四月請求保護，投靠日本，爾後以影佐爲負責人的梅機關，來推動建立汪政權的工作。一九四〇年三月，汪政權成立於南京，與特派大使阿部信行開始全面調整國交的交涉，會談前後達十五次，於八月二十八日完成日華基本條約及附屬文書，等待最後的簽字。

二、錢永銘工作

在日本，有一部分人認爲擁立汪政權將妨礙和平。另一方面，在進行轟轟烈烈的建立汪政權工作的同時，也在摸索到重慶的路線。

參謀本部和支那派遣軍總司令部，於一九三九年十一月派往香港的鈴木卓爾中佐，與自稱宋子文弟弟的宋子良獲得接觸和交涉，史上稱之爲桐工作。但沒有什麼成果，加以新任陸相東條英機的反對㉚，遂於一九四〇年九月結束㉛。

此外，據說當時的第三派遣支那艦隊司令長官野村直邦透過王子惠㉜與重慶取得聯絡，一九四〇年九月，因支那方面艦隊司令長官嶋田繁太郎的反對而「嗚呼哀哉」㉝。

一九四〇年七月，成立了第二次近衛內閣。當時日本的對重慶工作各自爲政，據聞有十七個管道㉞；松岡洋右在要把對中國的和平工作集中於外務省，陸軍及其他方面的活動要置於外務省統制這個共識之下，就任外相㉟。十月十三日御前會議核准的「支那事變處理要綱」，重新確認了松岡的此項主張㊱，但同時批准了與汪政權的基本條約。而且說「最遲要在一九四〇年十一月底」以前簽字。換言之，「支那事變處理要綱」規定在十一月底以前，對重慶和平工作沒有具體化時，將承認汪政權爲中華民國的正式政府。

日本政府期待基本條約的簽訂，能比第一次近衛聲明，具有更大的影響。此時，如果未能與重慶政府成立和平，不管情勢如何，「將轉變到長期戰方略，要徹底使重慶政權屈服」，表示沒有和平，只有長期戰的決心。

展開背水之戰的松岡和平工作，透過特派香港的田尻愛義，與浙江財閥巨頭錢永銘進行。在這稍前的九月中旬，錢永銘的秘書張競立來到東京，帶著周佛海的介紹信訪問松岡之後㊲，才開拓了這條路線。而和平的條件，與後面所述日華基本條的內容相同。

十一月二十二日左右，松岡收到重慶來的回信：

請暫緩承認汪政權。擬先全面撤兵，然後依另外條約協議駐兵㊳。據稱陸相東條希望松岡回答：不要提及撤兵、駐兵問題，請其在十二月五日以前，由重慶派遣適當的人物前來。

在這期間，特派汪政權的使節阿部信行、梅工作的負責人影佐禎昭和周佛海，專程由南京飛往東京，對趕快簽字事施加壓力。在簽字還是延期簽字，混沌議尚未定的狀況中，於十一月二十八日大本營政府聯席會議席上，松岡表示：重慶要求延期承認汪政權不出謀略之範圍㊴，因而獲得照原來預定即三十日簽字的共識㊵。

三、日華基本條約

在極端秘密中簽訂的日華協議錄，因背叛汪精衛再度認同重慶的高宗武和陶希聖，將其全部內容暴露於天下。因此，日本如能簽訂更讓一步的基本條約，至少固守日華協議錄之立場的話，或許多多少少能緩和中國人對日本的不信任感情，從而使重慶比較容易走向和平也說不定。但日華基本條約卻是，正如重光葵所批評，乃將中國廢除不平等條約的要求，和日本軍部設定廣泛權益的要求，「亂七八糟所妥協陳列，複雜而珍奇的協定文書」㊶。所以即使錢永銘工作有所進展，進入和平條件的交涉階段，除非日方在基本條約的內容上大幅讓步，否則不可能與重慶成立和平。

現在，暫以日華協議錄爲C案，以日華基本條約及爲其基礎的，「支那事變處理要綱」爲D案，來比較其主要內容如下：

㈠駐兵。

⑴防共駐兵：C案，「內蒙及爲確保聯絡線所需之平津地區」。D案，「蒙疆及華北三省」。

⑵治安駐兵：C案，沒有。D案，因海軍的強硬要求，加上「將所需艦船部隊駐留於長江沿岸特定地點、華南沿岸特定島嶼以及有關地點」一條。具體指著海南島而言。

㈡撤兵期間：C案，「恢復治安後二年以內」。D案，與C案一樣，「確立治安後二年以內」完成撤兵。但參謀本部特別是第一部最初強硬主張「確立治安後二年以內」，希望能多駐兵一天就多駐兵一天㊷。（在這裡可以看出軍事專家的現實主義作用於阻礙和平的一面）。汪政權非常反對此項主張，終於經過陸軍次官阿南帷幾和參謀次長澤田茂的會談，表面上對汪政權讓步，在交換公文時加上左列一節，取其實，以說服第一部。

日本國軍隊之全部撤退，實際上可能要比確立治安時期晚一些，但再晚也要在二年以內完成。

若是，這與「確立治安後二年內」沒有什麼兩樣。而這個撤兵問題才是，日本陸軍以其關係軍的威信反對到底，終於使美日交涉陷於僵局，進入太平洋戰爭，實不待煩言。

㈢滿洲國：兩案都要正式承認。

㈣特殊地區：C案是「內蒙」；D案爲「蒙疆」。

㈤賠償：兩案皆因事變日僑所受損害的補償，不要求戰費的賠償。

㈥治外法權與租界：C案，廢除治外法權，租界「考慮歸還」；D案，「依照基於本條約之日華新關係的發展」，廢除治外法權，歸還租界。根據D案，廢除治外法權和歸還租界，皆可保留到日方所希望的時候。

㈦根據D案，可以在中國領土內有戰爭行爲作口實，以確保日軍的特權地位，經濟上剝削體制，和施政上內部指導權，由之，汪精衛政權遂名符其實地變成傀儡政權。

如上所述，在十一月二十八日的大本營政府聯席懇談會席上，決定將於十一月三十日照原來所預定簽訂基本條約，同時決定暫停對重慶的工作[43]。從此以後，一直到太平洋戰爭末期日本陷於進退維艱的地步，日本政府都無法設定與重慶接觸的路線。正如「支那事變處理要綱」所預料，日本不得不轉變到長期戰方略，而且以後的作戰，只有愈刺激美國和英國等國家，[44]而終於使重慶屈服。

第三節　屈服重慶之方案

一、開戰當初的屈服重慶構想

東條內閣並非完全沒有結束戰爭的展望而決定開戰的。雖然不是很周全，在一九四一年一月十五日的大本營政府聯席會議席上曾決定了所謂「關於促進結束對美英荷蔣戰爭的腹案」。它說，對於當前主要敵人美國，政戰兩略都沒有能使其屈服的有效辦法，因此首先應確立我們本身自存自衛的體制，依更積極的措施促進蔣政權的屈服，與德國和義大利合作，使英國屈服。日本政府認爲，在堅持長期不敗的體制過程中，重慶和英國垮台的話，美國便很難單獨作戰，從而必將喪失其戰鬥意志[45]。對於重慶政權的這個所謂「積極措施」，開戰時並沒有具體化。當時日本參謀本部的狀況判斷是，如果這樣下去，日華的全面和平，將拖延到整個戰局的結束，這個看法雖然很悲觀，卻是很實在的。這種狀況判斷與十一月十五日「腹案」的矛盾，大本營和政府似乎都沒有感覺。

眼看開戰初期各項作戰的非常順利，十二月十四日的大本營政府聯席會議，在「關於隨情勢變遷對屈服重慶工作之件」，決定了設定與重慶的諜報路線，和在將來將另行決定的時期，對敵人致命部位加以強大壓力，從諜報工作轉移到屈服工作的兩個項目。但諜報路線的設定並沒有發生任何效果[46]。至於對致命部位的強大壓力，到後面將要敘述的五號作戰以前，沒有具體的計畫。

二、東鄉等對華和平工作的要求

外相東鄉茂德，早有欲改善中國佔領地之苛政的想法。他於一九四二年三月大本營政府聯席會議提出這個議題，並主張說，在大有戰果重慶陷於窘境之今日，是以合理條件解決中國問題的最好時機。對此雖然有人反對，惟因東鄉的強力主張，問題稍微有所變質，乃同意對重慶政府作具體方策的決定。參謀本部且將進一步研究：對重慶有沒有予以武力壓迫的方法，如果沒有，要怎麼作才能誘導其走上妥協的道路[48]。

前日本駐蘇大使太田爲吉在南京偶然與汪精衛會面時，汪曾向他提出立刻停戰全面和平的要求。對於對重慶政府具有自卑感的汪精衛而言，似乎認爲在日軍戰果輝煌，自己政治立場蒸蒸日上時重慶纔會需要他，因而才有這樣的舉動。汪的此項希望打動了東鄉的心，遂請本部第二部長岡本清治一併研究，惟因東條反對從中國大陸撤兵，便未能得出成案[49]。

此時，據說東久邇宮也曾建議東條，應乘戰局有利時與蔣氏進行會談，但爲東條所反對。一九四二年九月，東久邇宮曾經計畫派頭山滿前往重慶，但遭到東條的反對而作罷[50]。

三、五號作戰的準備

如前面所述，參謀本部曾準備研究對重慶施加武力壓迫的可行性。同時作爲結束戰爭的構想，確立自存自衛之體制後，擬以積極措施先屈服重慶，從而加以致命強大壓力。究竟要採取那一種，或者要雙管齊下，不得而知。一九四一年春天以後，參謀本部的一部分部員，便埋頭於進攻重慶作戰的研究。這個作戰叫做五號作戰，預定於一九四三年春季開始採取行動，並於一九四二年九月，指示五號作戰的準備要綱㉛。

第四節　放棄權益主義

一、新對華政策

可是以瓜達康奈爾島的戰敗爲首的西南太平洋的危機，卻奪走了五號作戰的人力和物力。因此十二月初決定停止五號作戰。在軍事力量上喪失自信時，始有補充軍事力量的新政策的眼光，軍方便開始作這樣的要求。

如此這般，由大東亞大臣青木一男和駐華大使重光葵所主張，放棄全部權益，恢復中國人之自主性的方針，忽然凸現。首先得出題曰「爲完成大東亞戰爭之對支處理方針」的政府，於一九四二年十二月二十一日，御前會議通過了這個方針。其內容爲：放棄對汪政權的內部指導權，放棄租界與治外法權，放棄以華北內蒙等爲特殊地帶的方針等，可以說是劃時代的（實施這個政策的大轉變時，曾經引起許多摩擦，在前線並沒有中央所期待的效果）。史上稱其爲新對華政策。

在這個「對支處理方針」，決定了不再從事以重慶爲對手的一切和平工作。根據參謀總長杉山元的說法，沒有同時徹底作戰的對重慶政權的謀略工作，是很難全面處理中國問題的㉜。

開戰當初日本政府擬以武力屈服重慶政府的構想，因停止五號作戰而成爲一場夢

二、大東亞政略指導大綱

一九四三年五月，隨戰況日趨不利，日本政府為安撫各佔領地居民，遂訂定「大東亞政略指導大綱」，對中國預告將修改惡名昭彰的日華基本條約，關於在新對華政策說要停止的對重慶工作，要「伺機要令國民政府」實施。

重慶國民政府，開戰不久即參加一九四二年一月一日的聯合國共同宣言，聲明單獨媾和53，在日本軍事力量最強盛時期，撐過了日本的壓力。停止五號作戰以後所謂重慶工作，無論見「機」與否，不可能有效果，乃是當時日本當政者所最清楚的。五月三十一日御前會議席上，以「沒有展望」的方策為「絕對必要」就是它的好寫照。

原（嘉道）樞密院議長：「對重慶的政治工作，其實施時期說將另行訂定，它成功和可能性如何？」

東條首相：「很難預料。但現今的情勢，因戰爭指導上絕對必要，所以將見機行。」

重光外相：「以前決定『不得從事重慶工作』，但現在要解除其限制，擬隨情勢轉變，見機實施，不是有其可能性才要做。」

杉山參謀總長：「在（日本）帝國的政戰略施策得宜，重慶的抗戰力量在逐漸

弱的情勢下，本方策之成功的機率可以說是日益釀成中。」(54)

三、日華同盟條約

此項工作開始之「機」，日本政府以為於該年十月簽訂日華同盟條約的時候到來。不過作這種判斷的根據為何，實在不得而知。同盟條約規定廢止日華基本條約，與恢復和平後即時撤兵（也要放棄來自義和團議定書的駐兵權），在文字上非常堂皇，所以可能以為簽訂了這個條約，重慶政府內部就會湧然產生單獨媾和論。但事實上，如果三年以前或許能夠改變亞洲歷史的這個同盟條約，在聯合國的勝利只是時間問題的一九四三年秋天，在政治上自不可能有任何效果。

同樣地，對於實際情勢的變遷毫無知覺的重慶工作的旨趣，(55)在一九四一年年底時對於重慶或許還有一點作用，但在一九四三年的秋天，他們是不會感覺興趣的。政治上的「機會」不會再來的。

一、確認汪主席對重慶政治工作之眞意及策案後，指導（汪）國民政府開始對重慶的政治工作。

二、重慶政權如表示願意清算與美英之關係的誠意，並希望日華兩國全面和平，（日本）帝國政府願意接受。重慶政權如實行下開事項，帝國政府將認為重慶政權有清算與美英之關係的誠意。

下開

(一)解除在支美英軍隊之武裝或令其由中國撤退。

(二)與美英斷絕交通聯絡。

不過對重慶政權，並不一定要求其對美英宣戰，但對帝國之大東亞戰爭的達成，要作實質上的協力。

日本政府非常重視此項工作，在中央由首相親自指導，在第一線現地由汪政權最高顧問柴山兼四郎負責。汪政權在澳門的孫中山前夫人盧慕貞與重慶聯絡，但沒有什麼效果。

四、打通大陸作戰及其影響

聯合國在中國大陸所建設的航空基地，逐漸威脅日軍在大陸的制空權，使其交通路陷於危殆。為著確保從長江中游到華北交通路的京漢作戰，於是從一九四四年四月展開；繼而為摧毀西南內陸航空基地的湘桂作戰，也從五月下旬開始。這兩項作戰皆在極端短缺軍需物品的情況下強行的，所以非常苦戰，尤其是湘桂作戰之主要目標的攻擊衡陽，在悽慘的情況下，到八月八日才佔領了衡陽㊿。

這項作戰曾予重慶政權與美國的關係以很微妙的影響。即與蔣介石反目的駐華美軍司令官史迪威，將在此作戰聯軍戰敗的原因，歸諸中國軍隊指揮官的無能，蔣氏指導的失敗，和官兵士氣的低落㊼，故要求把整個中國軍隊交給他指揮，而激怒了蔣氏。反此，駐華空軍司令官陳納德，卻站在蔣氏這一邊，抨擊其長官史迪威，認為史氏重視緬甸、雲南作戰，對固守中國大陸正面的聯軍纔是戰敗的眞正原因㊽。當時，史迪威對中共統治下的秩序和中共軍隊的規律評價很高㊾，因此認爲對中共軍提供武器，將增強大陸聯軍的軍事力量㊿。

具有此種想法的史迪威之統率整個中國軍隊，自是蔣氏和國民黨右派所最不願意見到的。重慶與美國的關係，由之陷於緊張狀態，因此重慶政權或有脫離聯合國陣營的可能。與此同時，中共與美國之間，產生了以前所沒有過的友好氣氛。

五、對中共的工作

秦彥三郎參謀次長在一九四四年六月，視察湘桂作戰回來之後，令部屬草擬了「此次支那作戰所需宣傳要領及帝國政府聲明案」。此案雖然引起了許多不同看法，但於七月三日的大本營政府聯席會議獲得通過。這個日本政府聲明的要旨是，日軍的軍事目的在於打破敵人美國和英國侵寇征霸的企圖，中國民衆是日本的友人，即使是重慶的軍隊，只要不與美國和英國合作，都不是日本的敵人，日本對（汪）中華民國所要求的是，遵照日華同盟條約和大東亞共同宣言，尊重其自主獨立，達到日華永達善鄰友好之關係的境地。這個聲明可能沒有任何效果，而這項方策的邏輯是，聯合國與重慶的合作體制，使日本打通大陸作戰遭受到那樣大的苦戰，因而才有上述破壞其合作體制的佈局。

但對於「對支作戰所需宣傳要領」的立論旨趣，我著實無法瞭解。

努力於防止重慶與中共的合作以及在中國美英蘇對日之合作。

有關上開中共根據地稱為延安政權（暫稱），其所屬部隊我所要討伐的將其稱之為匪賊，至於反共、剿共、滅共等名稱，除非不得已，應予以避免使用。

儘量不使用中共這個名稱。

決定它的目的，其開頭雖已經有所敘述，但其眞正意圖應該是，姑息中共，策劃國共分裂，使中共脫離聯合國戰線，和不刺激蘇聯。日軍雖然還要繼續討伐中共軍，但在文宣方面即要稍微「手下留情」，如果可能，希望在一部分地區實行停戰，這是日本陸軍中央的意向，同時曾經大大地無視北支那方面軍的反對，強行實施過。

說是不叫做中共，而稱為延安政權或匪賊，是為了不刺激蘇聯，和姑息中共，但我覺得很奇怪。被譽為蘇聯通的秦次長竟提出這種遊離現實的方案，使我覺得更莫明其妙。⑹雖然如此，這個方針於一九四五年四月左右更積極化，從而發展為欲透過中共來影響蘇聯的構想。第一線軍隊的下層曾拼命要與中共軍接觸，在一部分地區甚至於取得諒解，不過還是單純的地盤協定，和交換物資的協定，欲安撫當時以抗日運動為主要旗幟的中共是不可思議的。

不消說，上述之「宣傳要領」和「聲明」，不是知悉前述蔣、史迪威之爭執，而欲「順手推舟」是不待煩言的。

第五節　周佛海工作

一、「有統制的政治工作」

一九四四年七月二十二日，成立了小磯國昭・米內光政內閣。小磯爲改變對華政策，曾欲要其親友二宮治重出任大東亞大臣，但卻屈服於重光葵之外交一元化的主張。不過小磯對華方策的關心，卻包含在八月十九日御前會議所決定的「戰爭指導大綱」裡頭。就重慶工作，這個大綱說：

要迅速發動有統制的政治工作，以解決支那問題，爲此要盡量努力於利用「蘇」。

繼而八月三十日的最高戰爭指導會議以「對重慶政治工作實施要綱」，決定重慶工作，將由首相聯絡外相，透過南京國民政府，令其以自動自發的方式進行，不准此系統以外者插手。

九月五日，最高戰爭指導會議具體地作了如下的決定：「重慶的現況很困窘。如果日本暗示要令南京政府與其合併，與重慶政府的和平不是不可能」（在該會議席上陸相杉山的說明）。㉑這個看法雖然也是來自太樂觀的狀況判斷，但除在駐華美軍和英軍的撤退與滿洲國的繼續存在兩條外，是從前所沒有的很大讓步㉒。

關於實施對重慶政治工作之件

九月五日最高戰爭指導會議

第一、方針

對重慶的政治工作，是爲完成大東亞戰爭，迅速禁止重慶政權的對日抗戰爲目的，爲此，首先應以創造彼此之間直接會談之機會爲第一目標。

第二、要領

(一)當前工作之目標

要使（汪）國民政府創造彼此之間直接會談之機會，爲此應令（汪）國民政府派適當人物前往重慶。

(二)和平條件之腹案

和平條件以完全平等條件爲原則，概定如左：

(1)全面和平後中國與美英之關係

以支那之善意的中立爲滿足。

要使支那令在支美英軍自動撤退。

(2)汪蔣關係

同意蔣介石歸返南京，建立統一政府。

但兩者之間的調整，以支那的國內問題，一任兩者直接交涉。

(3)日華條約之處理

廢除日華同盟條約，重新簽訂規範全面和平後日支永遠和平之友好條約。

屆時（日本）一概不干涉支那內政問題。
延安政權及中共軍準用上開原則。

(4) 撤兵問題
如在支美英軍撤兵，（日本）帝國亦將完全撤兵。
其實施方法，根據停戰協定。

(5) 滿洲國問題
關於滿洲國，不變更現狀。

(6) 蒙疆問題
以支那內政問題處理。

(7) 香港及其他南方地區之處置
香港讓與支那。
關於南方權益，另行考慮。

(8) 將來之保障
關於支那方面對帝國之保障要求，將盡量應其要求；帝國對支那之保障要求，爲因應美英軍再度侵入支那，應容許日方派必要之軍隊。

㈢ 利用蘇聯
(1) 運用因迅速日蘇國交之好轉的政治力量，以促進本項工作。

(2)隨日蘇交涉的進展，必要時令「蘇」從事本工作之居間調停。

(四)與本工作並行，促進日支和平思想，運用一切手段使重慶理解，依靠美英最後將導致支那民族之奴隸化和東亞滅亡的理由。

(五)實施本項工作時應注意事項

(1)提出條件之範圍及方法，另定。

(2)要使用一切手段執拗實行本項工作。

(3)對於實行本項工作對蘇關係的影響，要特別愼重評估，尤其要注意爲美英提供離間日蘇的工具。

二、周佛海路線

下了「要使用一切手段執拗實行」之決心的日本政府，決定細部之後，遣派到八月還擔任汪政權最高顧問的新任陸軍次官柴山兼四郎飛往南京，將其內容轉達陳公博、周佛海等汪政權的主要負責人（此時汪因病在名古屋療養中，十一月十日病逝）。可是關於因應這個方策周佛海派到重慶的使者葛啓（敬？）恩這個人，於十月十八日，汪政權最高顧問矢崎勘十郎對參謀總長和陸相來了一個很悲觀的報告。

(一)周佛海的使者預定明年一月左右回去。

(二)上開使者很是自我本位，故沒有成功的可能性。

(三)作爲今後的方法，只有利用中立國，除此別無他法。

而矢崎所建議的中立國工作，能利用的唯一國家蘇聯，於九月十四日已經拒絕日方擬特派使節前往的要求，故已無計可施。

日本政府再次確定現地的最高負責人爲矢崎顧問，並欲透過汪政權推動重慶工作⑭。但汪政權終於未能令日本和重慶握手（或許故意不使其握手）。此外，令一個美國新聞記者慨嘆「要把蔣無條件地趕到敵方」⑮的史迪威事件，因羅斯福的決斷把史迪威調回美國，纔避免了重慶與美國間的危機。因此日本在無意識之中抓到的，與重慶單獨媾和的一點點可能性也隨之消失了。

三、宇垣一成中國之行

宇垣婉拒了入小磯內閣和就任駐華（汪）大使，但卻表示願意以私人身分試探與重慶的交涉，前往中國大陸。小磯接受了他的好意，宇垣乃慢柴山去南京三天，於九月十四日，假名考察，踏上探索和平路線的旅途。同行者有阪西利八郎，與常對宇垣建議和平方策的陸軍少將渡邊渡，和國務大臣緒方竹虎的親信朝日新聞社副社長美土路昌一。一行從東北繞行華北和華中，見了數百人後回到東京，宇垣於十月二十一日向小磯、杉山、重光等報告其感想和方案。⑯在這期間，宇垣曾對中國「可靠的人」表示，可以取消滿州國的獨立，以試探中方的反應，但無法確認此項訊息是否到達重慶，⑰而終於開闢確實的路線。

大約在此時，與日本政府無關之近衛的胞弟水谷川忠麿在上海，與重慶的一個情報機關，由王芃生所主持的國際問題研究所之上海分機構的何世楨有所接觸。對於重慶所提出的和平條件，日本之全面撤退和基於開羅宣言的和平這兩個條件，水谷川以日本的和平人士可能會接受，而要求重慶政府正式提具體的方案，但沒有獲得正式的回答㊳。

此外，以後面所述繆斌為首，各派駐中國的政府及民間人士多自私設路線展開自己運動，而且汪政權（汪死後本文仍稱汪政權，俾與重慶政權區別）已呈顯末期症狀，各人各爭求管道，假和平運動之名，開始作求重慶的瞭解運動，因此「有統制的政治工作」遂沒有發生什麼效果。日本政府為收拾局面，在十二月十三日的最高戰爭指導會議，決定了對重慶工作現地大使館陸海軍指揮官必須予以協力，支那派遣軍總司令官要負起總其成的責任㊴；汪政權照樣採取自動自發形式的方針，但還是沒有任何效果㊵。

十一月，就任支那派遣軍總司令官的岡村寧次，曾經考慮過要展開排除萬難進攻四川，予重慶直系軍以打擊，封殺敵方空軍的猖獗，從而創造與重慶政權單獨和平或令其脫離戰線之機會的作戰。南京總軍總參謀長松井太久郎受岡村之意回到東京，向大本營提出建議，但大本營認為加強中國大陸沿岸地方的防備更加重要，所以岡村構想終於未見實現。

第六節　繆斌工作

一、繆斌

繆斌曾任黃埔軍校電氣通信教官，北伐時，以何應欽將軍的政治部委員從軍，歷任中國國民黨第二、三、四屆中央委員。爾後離開國民黨主流，在不得志的情況中，受何應欽之托可能是爲了購買武器前往日本時爆發中日事變，參加該年十二月日軍所泡製反國民黨色彩相當濃厚的華北臨時政府，出任新民會副會長。成立汪政權之後，離開華北前赴南京，獲得立法院副院長職位。惟因暗中與重慶聯絡，爲汪精衛所發覺，引起其不稅，而被轉任考試院副院長閒差，從而遠離了汪政權的主流。

一九四三年秋天，由於繆斌朋友的弟弟爲藍衣社的工作人員，而發生了其朋友雙親、弟妻及兩個小孩被日本憲兵隊逮捕的事件。爲此受到請託援救的繆斌遂與田村眞作商量。當時田村是朝日新聞社社員，爲東亞聯盟運動熱烈的共鳴者。田村與同樣爲東亞同盟論者的南京總軍參謀辻政信商量，辻拜託上海憲兵隊的特高課長山崎直吉特予釋放㉑。爾後這個工作人員的無線電室被憲兵隊扣押時，田村以這個無線電是辻請這個人開設的作藉口，而要回了所有扣押物品㉒。

這個藍衣社的工作人員叫做陳長風，據說他曾寫信謝謝二次大戰後由泰國潛入越南的辻政信㉓。

如此這般，藍衣社的首領戴笠遂建立了陳長風—繆斌—田村眞作的路線，且由田村連結於緒方竹虎。以小磯、米內內閣之國務大臣入閣的緒方，告註小磯以繆斌的事。對中國和平工作正在尋找路線的小磯對繆斌發生極大興趣，乃決定要把繆斌請來東京。緒方於一九四四年八月十四日，寫信給南京總軍總參謀長松井太久郎和繆斌，由田村親自攜帶這兩封信，前往上海從事運動。松井一直沒有回信，旋即汪政權的最高顧問柴山出任陸軍次官，而回到東京說，因與汪政權的關係，以首相的名義請繆斌非常不以爲然，如果繆斌自動要去日本，總軍願意設法安排飛機。不久，柴山來拜託緒方說，繆斌的問題請能作罷，總軍決定透過汪政權的周佛海與重慶交涉。緒方問軍方有沒有把握，據稱柴山回答沒有把握；既得不到飛機的交通工具，繆斌的赴日遂不得不暫時停止⑭。

二、繆斌赴日

十二月，駐南京大使谷正之與南京總軍參謀副長今井武夫聯袂回到東京，對重光和小磯說明繆斌這個人不可靠。

十月左右，繆斌曾拜託今井：「我受重慶之託，擬爲日華和平交涉盡力，能否幫忙請憲兵隊准許我使用被查封的無線電台」，幫過他。但今井認爲，繆斌身爲國民黨員而走向反國民黨的華北臨時政權，然後又跑到自認爲純正國民黨的汪政權，反反覆覆，進退有問題，所以不可能是重慶政權會託其重任的人物，頂多是重慶用於謀略的工具。果然，監視被解除查封之繆斌的無線電結果，只與戰線附近的受信所就買賣物資交換情報，未發現其曾與重慶通過信⑦⑤。今井的意思是說，日本政府既要在這重要關頭從事和平交涉，自不能以從日方來看不能信賴，重慶方面也可能不信賴的人物來做居間調停的工作。

谷與今井的建議，仍然無法推翻小磯的決心，小磯乃遣派其老友山縣初男大佐前往上海，令其調查繆斌的路線。山縣連日與緒方協議⑦⑥，並帶回來比較具體的方案⑦⑦。

小磯與緒方不顧陸、海、外三相的反對，以聽取情報的名目請來了繆斌。因小磯的強烈要求，軍方不得已，提供一個飛機座位⑦⑧，一九四五年三月十六日，繆斌隻身來到東京⑦⑨。繆斌遂與緒方會面⑧⓪，隔日會見東久邇宮，並請東久邇宮將其想法轉告昭和天皇。東久邇宮答允要從旁予以支援⑧①。

三、三月二十一日的最高戰爭指導會議

在三月二十一日的最高戰爭指導會議，小磯正式提案繆斌工作。小磯以取消汪政權、停戰撤兵、設立重慶政權尚未前來之前的留守政府的三條件為要點，以與重慶政權直接交涉為前提，分發繆斌的「中日全面和平實行案」，請審議以它與重慶進行交涉。首先陸相杉山以繆斌據說是重慶的間諜，應該慎重而反對；外相重光根據（汪）南京大使館情報，正面激烈反對。重光表示，就此項工作他從未受邀協議，故不能負

責任，同時以它違反繆斌工作與先說重慶工作要透過（汪）南京政府從事的最高戰爭指導會議之決定，以及繆斌爲汪政權之異分子和重慶的間諜而予以抨擊。海相米內和參謀總長梅津也都表示反對， 此未討論「中日全面和平實行案」會議就散會了㉜。

四、小磯、米內內閣之崩潰

但緒方還是不死心，遂請東久邇宮出面說服梅津和杉山，但沒有成功。與此同時，小磯上奏擬繼續推動繆斌工作，昭和天皇陸續問了陸、海、外三大臣的意見，這三個人都上奏反對，故再度命令小磯令繆斌回國㊸。以昭和天皇的命令爲契機，加以小磯對於被拒絕恢復現役的不滿，深感有改組內閣的必要，乃於四月四日表示要辭職。

繆斌於四月底回到上海㊹。

第七節　鈴木內閣的對重慶工作

一、今井、何柱國會談

南京總軍參謀副長今井武夫於一九四五年二月左右，與重慶第十戰區副司令何柱國的路線有所接觸。迨至七月，會談準備就緒，九日，在河南省周家口附近新站集，今井和何柱國在極秘密中舉行了會談㊺。

在此之前的四月下旬，對美國和蘇聯戰備吃緊的大本營，決心即使無視（汪）南京政權也要進行對重慶、延安工作，以實現停戰。㊱鈴木內閣的外相兼大東亞相東鄉茂德，以為不可能與重慶政府單獨和平，惟因陸相阿南曾寄予一絲希望，故答應努力於局地的停戰。㊲這個軍中央的決心沒有經過最高戰爭指導會議，總理、陸、海、外四相同意，由陸相負責，在現地則由支那派遣軍總司令官實施㊳。今井的工作很自然地合乎這個決定。

但現實的情況遠比軍部的觀察困難許多。在會談上何柱國所主張的條件是，遵照開羅宣言之方向與全體盟國的和平，日軍從滿洲以及其他全部外地撤退和放棄一切殖民地。今井回憶當時的情況說：

我們深深地感覺到，……以往我們一廂情願的判斷之如何武斷，這與六、七年前，或三、四年前，我們對重慶政府提出的和平條件，彼此的要求完全相反，這實在是天地雲壤的差別，當然我們對於歷史齒輪變化之快和現實世界之冷酷，不寒而慄。㊵

我們相約等中央政府之指示以後再會，而結束了此次會談。今井將何柱國所提條件報告總司令官及東京中央，等著指示，但不久日本就投降了。

二、司徒雷登工作

蔣介石所信賴的燕京大學校長司徒雷登（譯註③），一爆發中日事變便與蔣政權和日方接觸，為解決事變而盡力。一九四一年十二月，進入太平戰爭以後，司徒雷登以敵國國民被軟禁於北京，一九四五年六月前後，外務省和大東亞省對這個路線很感興趣，東鄉也抱著或許能與美國對話的希望㉑。為此項工作，東鄉派遣大東亞省顧問河相達夫，領事永井詢一和中佐山崎重三郎與其隨行。不知何故，現地軍曾極力妨礙，總之河相見了司徒雷登，並請他為和平工作盡力，對此司徒雷登建議河相說，只有忠告昭和天皇和新內閣接受波茨坦宣言一途㉒，以後沒有什麼進展日本就無條件投降。

第八節　結語

以上，綜觀日本對中國和平工作史（正確來說應該是對中國和平工作失敗史），我們對於欠缺指導戰爭（這裡所謂戰爭指導，是相對於戰略及戰術這兩個名詞的概念）的現實主義感覺非常驚訝。

在一九三七年七月十一日的內閣會議，沒有一個人從指導戰爭的立場務實地觀察和測定派兵華北的聲明；將如何刺激彌漫抗日空氣的中國，如何促進成立抗日民族統一戰線（一九三六年一月，外相廣田弘毅為妨礙其成立，曾在國會演說廣田三原則），和如何把國民政府大力推到敵方去的效果。

即使爆發上海八一三戰事以後，沒有一個閣員判斷確保船津、高宗武的接觸路線對收拾情勢如何重要。在確認陶德曼工作到底是不是國民政府的遷延方策以前，繼續推動這項工作對日本是否不利（這個時候的利益，暫時不問在華權益或節約軍費），停止是否有利；第一次近衛聲明，除「大聲吵罵的快感」以外，實際上能期待什麼；凡此在戰爭指導中最重要的判斷，政府究竟有沒有務實地認眞討論過？停止宇垣、孔祥熙路線的判斷，建立汪政權的判斷，結束錢永銘路線的判斷，承認汪政權的判斷，插足越南的判斷，比比皆然，都很難說是務實觀察測定所得的結果。

如前面所說，作爲軍事專家的現實主義（務實），處處都有。至少在陶德曼工作以前，參謀本部對於和平工作最熱心，反對第一次近衛聲明，一部分參謀本部部員主張延期承認汪政權，以成就錢永銘工作等等，可以說是它最好的例子。但作爲軍事專家從少年就培養的軍人現實主義，對於「戰略」和「戰術」才有其妥當性。因此他們的視野很有限，既盼望陶德曼工作或錢永銘工作的成功，又主張要加重駐兵權，在戰爭指導的層次上同時下了互相矛盾的判斷。這個現實主義與戰略戰術的層次最合其焦點，因此爆發盧溝橋事變以後，因應國民政府軍北上，便反射的只重視與其交戰時的作戰，認爲日方如不增加兵力將完全被消滅。這種軍事專家的現實主義，進而涉及戰爭指導，從戰略上的需要決定出兵北越和南越，在戰爭指導上犯了無法彌補的失策，從而走上自取滅亡的太平洋戰爭。

而彌補上述戰爭指導層次之現實主義缺陷的是，下一層次之戰略戰術層次的軍事專家的現實主義（譬如以徐州作戰的漢口作戰來彌補第一次近衛聲明之戰爭指導的失策），因戰略戰術層次上不足現實主義的結果，纔要第一線官兵「勇戰奮鬥」（欲以超人的第一線官兵的努力來恢復瓜達康奈爾作戰的失策)。

我認爲，在戰爭指導的層面上，將爲其結果的現實主義的缺陷，歸諸軍方的壓迫或統帥的獨立是不正確的。如本文⑤所說，當時近衛的威信很高，其政治指導的潛在勢力，應該足以改變中日事變當初的情勢，能夠繼續宇垣、孔祥熙工作，和阻止結束錢永銘路線才對。何況如果軍事專家的現實主義(即使只是出自戰略層次的判斷)給予支援的話，更容易達成這些目的⑼。

註釋：

①田中新一，《日華事變擴大か不擴大か》，(別冊《知性》，第五號，一九五六年十二月號)，頁二二一。

②石射豬太郎，《外交官の一生》，讀賣新聞社，一九五〇年，頁二七三。譯者曾譯此書，以《石射豬太郎回憶錄》書名，由水牛出版社出版。

③所謂不擴大派的主要分子為：參謀次長多田駿、第一部長石原莞爾、第二課長河邊虎四郎和陸軍省軍務課長柴山兼四郎；在第一線現地有支那駐屯軍司令官田代皖一郎(重病後去世)、參謀長橋本群、作戰主任參謀池田純久、北京特務機關長松井太久郎、駐華武官今井武夫等，他們居於軍方作戰動員情報的重要地位。至於盧溝橋一小小衝突事件，如何演變擴大成為全中國的大戰亂，雖然是一個極值得探討的

題目，但這裡不談。

④這裡的所謂現實主義，乃意味著冷靜而莊嚴地追尋和分析現實的動態，基於此種認識以樹立對策的思考態度，換句話說，是不為積極方策乍看之下擁有很堂皇的魅力或一廂情願所迷的思考態度。當然，反此我們也不能說擴大派都是大言壯語之徒。譬如關東軍和朝鮮軍在七七以後團結於強硬論，據說是由於認為，當時的蘇聯絕不會出手，所以衹要乘此機會一擊華北，便能確保華北為特殊地區，是一種「務實」的狀況判斷的結果。一擊華北，在「一擊」是不是就可了事這一點，實在是低估了當日風起雲湧的中國抗日風潮的失算。陸相杉山上奏「支那事變幾個月就可以解決」之空想的樂觀主義暫且不談，關東軍和朝鮮軍的狀況判斷，還是比所謂不擴大派更現實。本文所說的現實主議就是謙種意思。

⑤七月十日晚上，參謀本部提出派兵增援華北案。翌日內閣會議以前，陸軍省軍務局的聯絡員前來外務省東亞第一課，請外務大臣在內閣會議設法否決派兵增援華北案。東亞局長石射豬太郎說，不必拜託也要極力反對，並建議外相廣田設法使內閣會議否決此案。可是十一日的閣議卻簡單地通過這個案，並發表有關派兵華北的強硬聲明。這個聲明刺激中方，國民政府中央軍大舉北上，蔣氏以「生死關頭」演說回應，中國的態度馬上強硬起來。主管作戰的第一部長石原如果不批准，參謀本部不能提出派兵案。因石原欠缺政治眼光，即予同意，結果踏出了擴大戰爭的第一

步。對於這個決定將會有怎樣的政治效果，近衛和廣田似完全沒有考慮到，測定政治效果應該是近衛和廣田的責任。當時，集軍、官、民之壓倒性的信賴和擁有強大政治指導潛在勢力的近衛，一定受到部屬建議應該把派兵案否決掉的廣田，都必須負起錯誤測定政治領導的政治責任。而且隔（十二）日，還把許多政界、輿論界（報界）和實業界的實力者請來首相官邸，在熱鬧非常的氣氛中，首相親自請求他們理解和支援政府斷然的決心，真是太粗心大意了。石射豬太郎，《外交官の一生》，頁二七一－二七二。

池田純久於事變擴大後被調回東京，敘述某一天他訪問近衛時的情況。

（近衛）公爵一開口便說：「池田君終於幹起來了。支那事變是年輕軍人的陰謀。」

公爵類似關東軍的前科，而認為這是軍的陰謀。我想辯解也沒有用。

「公爵，戰爭的主謀者不是軍而是您本人。」聽我這樣講的公爵嚇一跳並瞪著我。

「你說什麼？」

「是的，是公爵的責任。」我這樣回答以後，拿出一張報紙給公爵看。其日期為七月十三日，我們好不容易與中方簽訂現地解決案，但報紙卻在其一角作小小的報導，而從第一面到第三面，卻充滿了鼓動國民熱衷戰爭的消息。

「公爵，政府嘴巴說不擴大主義，但這個報紙的報導是什麼？這樣做，戰爭不擴大才怪了。」

公爵大根懂了我的意思，所以沒有再說話。池田純久，《陸軍葬儀委員長》，日本出版協同株式會社，一九五三年，頁二八－二九。

總之，石原、近衛、廣田等人的主觀善意雖無可置疑，但他們所做政治行為的責任，或未作為的政治責任的評價，自是另外一個問題。

⑥「軍的威信」這個名詞，籠統地被廣泛使用，而且遠比作為軍事專家的現實主義更能夠打動軍人的情緒。七月二十五日一發生廊坊事件，石原便於二十六日上午一時，從他在那裡過夜的第一部長室打電話給陸軍省軍事課長田中著急地說：「現在只有動員內地師團之一途，遷延將是一切的毀滅。要趕緊處置。」前引田中新一，〈日華事變擴大か不擴大か〉，頁二二二。

應該能夠充分預測將跟「西班牙戰爭中拿破崙同樣陷於無底泥沼」的石原，是不是為了軍的威信而陷於興奮的狀態？立刻決心下動員令，隔日在內閣會議通過，戰火由之擴大到整個華北。

⑦前引，石射豬太郎，《外交官の一生》，頁二八〇。

⑧外務省編，《日本外交年表竝主要文書》，下，一九五五年，頁三六七－三六八。其全文如下，請注意日方讓步的幅度。

日支國交全般的調整案要綱（一九三七、八、六、傍晚）

一、政治方面

㈠支那應含蓄約定今後不再提滿洲國問題。

㈡日支間防共協定（非武裝地區內的防共當然依此實現，但對於該地區要特別嚴格取締）。

㈢依停戰條件取消冀東冀察外，日本就內蒙及綏遠方面將與南京對話，要使南京接受我方之正當要求（大約包括在前述㈡），不從該方面排除南京之勢力。

㈣支那要對全國嚴格取締抗日排日，徹底邦交敦睦令（當然對於非武裝地區內的排日，要特別嚴格取締）。

二、軍事方面

㈠支那如果強烈要求取消上海停戰協定時，應充分利用作為討價還價的籌碼後才予以同意。

㈡廢止自由飛行。

三、經濟方面

㈠下降特定物品的關稅。

㈡當然要廢止冀東特殊貿易，恢復自由取締非武裝地區海面之支那方面走私。

欄外註記：⑴如對方有意正式則予以同意。

⑵要考慮本協定與列國之關係。

⑨同前註，頁三六八—三六九。其全文如下，請留意其條件之寬大。

日華停戰條件　八月七日於首相室（外務陸海大臣畫押）

一、外務省應趕緊從事檯面下工作使支那方面提出停戰的提議。

二、收拾時局的條件，大約如左：

（甲）設定非武裝地帶

第一案　一任外務省交涉

(1)以連結德花、張北、龍門、延慶、門頭溝、涿州、固安、永清、信安、濁流鎮、興農鎮、高沙嶺之線（包括線上）以東及以北地區為非武裝地帶，在這地區內不得駐屯支那軍。

上述地區內治安以保安隊維持，該保安隊之人員及裝備，另行規定。

第二案　這是最後的決定

(2)同意以連結寶昌、張北、龍門、延慶、門頭溝之線（包括線上）以東與以北以及與其接壤之河北省內永定河及海河左岸（包括長辛店及附近高地與天津周邊）地區為非武裝地帶（此時關於保安隊之件與前項同）。

(3)如果支那方面就設定非武裝地帶強烈要求要附一定期限為條件願意接受前述(1)或(2)時，可以同意附期限。

依交涉經過研究　第一案一任外務省交涉—（但附期限時，要研究期滿時之措施。）

第二案考慮這作為最後之案—（但附期限時，要確立與期滿之同時將在沿滿支國界之地區重新畫一定之線（譬如從長城三十公里）作為非武裝地帶的諒解。）

（乙）日本所能接受的限度

(1)必要時可以表示：我方駐屯軍兵數，願意在爆發事變時兵數的範圍內將盡量自動減少。

(2)取消塘沽停戰協定（包括根據它所成立的各種約定，但根據北平協定而來的約定不取消即①接收長城各城門，②通車，③設關，④通郵，⑤通空）、土肥原秦德純協定和梅津何應欽協定（當然現今在河北省內的中央軍要撤出省外），但在非武裝地帶內，要令其嚴格取締排日抗日和防止赤化。

(3)取消冀察及冀東，並同意南京政府在前述地區任意行其行政。但希望前述地區行政首長是能實現日支融和的適當有力者。為此擬在華北協定日支經濟合作之旨趣，無需說這是日支立於平等之合辦及依其他之合作。

擬放在外務省肚子裡頭—註：雖然可以同意取消冀東，但要充分利用它作為討價還價的籌碼。

（丙）與依以上（甲）和（乙）的停戰談判的同時，也要繼續不受從前種種影響之調整日支國交的交涉，其方案另行擬訂。

備考

一、前述日支間停戰協商成立，支那軍隊撤出非武裝地帶，和中央軍撤出河北省外時，我軍要開始撤退。

二、前述停戰協商成立時，日支雙方應捐棄前嫌，聲明將進入能實現兩國真正親善的新政（New Deal）。

⑩ 前引，石射豬太郎，《外交官の一生》，頁二八〇—二八五。

⑪ 重光葵，《昭和の動亂》上，中央公論社，頁一八〇。

⑫ 前引，石射豬太郎，《外交官の一生》，頁二九五—三〇一。

⑬ 前引，《日本外交表竝主要文書》下，頁三七〇—三七二。

⑭ 前引，石射豬太郎，《外交官の一生》，頁二九五。

⑮ 前引，石射豬太郎，《外交官の一生》，頁三〇一。

⑯ 在一月十五日的大本營政府聯席會議席上，所謂參謀次長多田的發言，其內容如下：「我認為我們還有不少應該努力的方法。我們必須讓支那知道確實的條件。我們要非常慎重長期戰爭，如果喪失這個機會，很可能變成長期戰爭……」（前引，田中新一，〈日華事變擴大か不擴大か〉，頁二二六）。據說，背叛蔣介石政權的汪精衛，日後就當時的情況表示，蔣介石以下的要人，曾經決心要接受日方所提出的條件。（安藤德器，《汪精衛自敘傳》，大日本雄辯會講談社，一九四一年，頁一八〇—一八二）。

⑰前引，石射豬太郎，《外交官の一生》，頁三〇二—三〇三。

⑱宇垣一成，《宇垣日記》，朝日新聞社，一九五六年，頁三一四—三一五。

⑲如所周知，萱野長知參加過辛亥革命，為孫中山的同志。譯者譯過萱野的文章，收於拙譯著《孫中山先生與日本人》，由水牛出版社出版。

⑳據説松井還派其他的人到香港設法與宋子文接觸（丸上靜雄，《失われたる記錄》，後樂書房，一九五〇年，頁六六以下），香港總領事中村似也協助過，惟因近衛第一次聲明此線中斷。

㉑三田村武夫，《戰爭と共產主義》，民主制度普及會，一九五〇年，頁一六九—一七八。

㉒中村豐一，《知られざる宇垣、孔秘密會談》（別冊《知性》），第五號，一九五一年十二月），頁二六一—二六二。

不知何故，當時中方似乎將宇垣當做反對日本地主和軍人，而一般對他評價很高（馮子超《中國抗戰史》，上海正氣書局，一九四六年，請參閱一二八頁）。宇垣就任外相沒多久，張群即打電報給他欲與其接觸，但宇垣沒有選擇親日派的張群和汪精衛，而希望與孔祥熙為交涉對象（前引《汪精衛自敘傳》，頁一九一—一九二）。

㉓既然有孔、萱野管道，孔為什麼還要令喬往訪中村呢？是不是孔、萱野管道實際上並沒有暢通？即使有暢通，中方是否認為萱野「老闆」是板垣征四郎，以及不能信

賴在其背後的陸軍，而選擇外務省官員的中村到宇垣的管道？請指教。

㉔宇垣認為，設立興亞院問題是和平反對派的謀略，其目的意圖要從外相宇垣奪取對中國和平工作的權限（前引《宇垣日記》，頁三三三）。其意圖之真偽暫且不談，近衛在宇垣入閣時曾予承諾，卻不支持宇垣，實在令人費解。

㉕據稱近衛曾對外務次官堀內謙介表示：「其實專任的外務大臣誰都可以。」（前引，石射豬太郎，《外交官の一生》，頁三二一）由此可知近衛對和平交涉的冷淡。

㉖一九三八年七月十二日五相會議決定（前引《日本外交年表竝主要文書》下，頁三八九—三九〇）。

㉗前引，重光葵，《昭和の動亂》上，頁一九五。

㉘前引，丸山靜雄，《失われたる記錄》七四頁以下及一六五頁以下。

㉙今井武夫，《對華和平工作史》（別冊《知性》第五號，一九五六年十二月），頁二五三—二五四。

㉚吉田東祐譯，《周佛海日記》，東京，建民社，一九五三年，頁二五一。

㉛前引，今井武夫，《對華和平工作史》，頁二五五—二五六。

㉜王子惠之履歷不詳，據說日語講得不錯，幾乎不會說中國話。設立維新政府時因與日軍合作而作過實業部長。二次大戰後逃過漢奸檢舉來到東京，據聞曾回上海照顧

過岡村寧次和辻政信（辻政信，《潛行三千里》，每日新聞社，一九五〇年，頁二八八）。很少人相信王子惠的工作。

㉝ 橫井俊幸，《帝國海軍機密室》，一九五三年，一五六頁以下。

㉞ 種村佐幸，《大本營機密日誌》，ダイアモンド社，一九五二年，頁三六。當時，日本和重慶兩方面，在現地公私形形色色，或說是和平，或稱為謀略，或藉口蒐集情報而接觸。因此反而造成了彼此間的不信任。從重慶的觀察，請參閱青山和夫，《謀略熟練工》，東京，妙義出版株式會社，一九五七年，頁一四二—一四三。

㉟ 齋藤良衛，《欺かれた歷史》，讀賣新聞社，一九五五年，頁八一—八二。

㊱ 和平工作由帝國政府行之，並由各有關機關協力。註：以往由軍民所行之和平工作，一切停止。

㊲ 前引，吉田東祐譯，《周佛海日記》，頁二〇九。

㊳ 前引，種村佐幸，《大本營機密日誌》，頁三六。

㊴ 即使他是喜歡故弄玄虛的人，職業外交官出身的松岡洋右，在將要開始交涉時，為什麼竟那麼簡單命令停止，其作法簡直是門外漢。對其來龍去脈，松岡的智囊齋藤良衛這樣說：「他（松岡）對與汪政府所擬就的基本條約延期簽字，邊看香港交涉的進行狀況，意圖將其帶到蔣、汪兩政府合併的問題。換句話說，松岡的方策是以汪政權為誘餌，來達到全面和平。……可是這個構想一傳到現地派遣軍，便引起強

烈的反對，汪政權原本來自現地軍謀略參謀的提案，就他們而言，汪可愛得不得了，因此以他們的努力被漠視，所以開始大肆攻擊要拋棄汪的松岡的作法。當時在南京的全權大使阿部信行也跟他們持相同意見，以松岡外交為首鼠兩端的權術外交，因而緊迫松岡對基本條約簽字。阿部終於忍不住，乃由南京回東京面詰松岡說，除非答允對與汪政權的條約簽字，否則留在千駄谷的松岡邸不回去。嘴吧雖然說得很強硬，天生喜歡跟人家妥協的松岡，終於屈服於阿部的壓力。」（前引，齊藤良衛，《欺かれた歷史》，頁八二－八三）

㊵ 前引，種村佐幸，《大本營機密日誌》，頁三七－三八。

㊶ 前引，重光葵，《昭和の動亂》，下，頁一六。

㊷ 前引，種村佐幸，《大本營機密日誌》，頁三五。

㊸ 前引，種村佐幸，《大本營機密日誌》，頁三八。

㊹ 譬如非常刺激美國的插足越南，乃是失去重慶和平工作機會的結果，在欲以武力孤立重慶的戰略意圖下進行的。（請參考服部卓四郎，《大東亞戰爭全史》，鱒書房，一九五三年，第一卷，頁一四〇以後）。

㊺ 服部卓四郎，《大東亞戰爭全史》，第一卷，頁二八二－二八五。

㊻ 因佔領香港等，日方新到手不少中國要人，香港總督磯谷廉介雖然對其解除軟禁，讓其自由到重慶，但未見有效地設定了新的管道。

㊼ 服部卓四郎，前引書，頁一一六—一一七。

㊽ 東鄉茂德，《時代の一面》，改造社，一九五二年，頁二九〇—二九一。

㊾ 東鄉茂德，《時代の一面》，頁二九二。

㊿ 東久邇宮稔彥，《私の記錄》，東京書房，一九四七年，頁五九—六五。據說於一九四二年，宇垣曾建議近衛請出頭山滿，但近衛沒有同意。（《宇垣日記》，頁三九）。

51 服部，前引，第二卷，頁一七四—一七五。

52 服部，前引，第二卷，頁二五二。

53 W. S. Churchill, The Second World War, 1950, III, PP.605-606.

54 服部，前引，第二卷，頁三七五。

55 服部，前引，第二卷，頁三八七。

56 服部，前引，第三卷，頁二四五—二六五。

57 T. H.White (ed.), The Stilwell Papers, New York,1984, P.332.

58 R. Hoty(ed.), Way of Fighter, The Memories of Claire Lee Chennauet, 1949, PP. 285-288,294.

59 The Stilwell Papers, P.316.

60 H. Feis, The China Tangle, Princeton, 1953, PP. 74, 171-172.

(61) 據說，當時為對中共工作日方曾派鍋山貞親到北京、佐野學到上海。佐野似沒有太活動，鍋山則似住在陸軍對中共調查班之俗稱六條公館，對陸軍中央作了種種建議。有一種說法是，當時鍋山主張延安政權不是共產主義政權而是一種粉紅色政權，有單獨和平的可能性。鍋山的這個主張與陸軍之決定做延安工作是否有關，知道其真相者，請指教。

(62) 中村正吾，《永田町一番地》，ニユース社，一九四六年，頁三二。從這個杉山的講話，可知日方不知有史迪威這一件事。

(63) 服部卓四郎，前引書，二九五，頁三一〇—三一二。

(64) The Stilwell Papers, P.316.

(65) Feis, oP. Cit., P.171 n.

(66) 前引，《宇垣日記》，頁三七六—三八五。

(67) 同右，頁三九二。

(68) 外務省編，《終戰史錄》，新聞月鑑社，一九五二年，上卷，頁二一九、二三六。前引，青山和夫，《謀略熟練工》，頁二三六—二三七。W. R. Fishel, "A Japanese Peace Manoeuvre in 1944",Far Eastern Quarterly, Oct.1949, Vol.Ⅷ, no. 4,P.387ff.

(69) 服部卓四郎，前引書，第三卷，頁三一四—三一五。

⑩在這混亂之中，周佛海仍然維持了日方的信賴。一九四五年三月，駐汪大使谷正之曾報告外務省説，周佛海給的情報云：周曾派周文隆到重慶與蔣談，蔣以雖因與美國聯合的關係不可能對日和平，但以透過周佛海的管道為宜。（前述《終戰史錄》，上卷，頁二二一）。

但事實上，周佛海因其母親被軟禁在重慶，故從一九四二年秋天以來，周佛海一直與重慶的情報機關軍委會調查統計局（藍衣社）的戴笠聯絡，爾後逐漸與重慶的派出人員擴大接觸層面，從而效忠於重慶政權。因此戰後一時未以漢奸罪名被捕。後來因輿論壓力，被附諸漢奸審判，被判處死刑，旋即被改為無期徒刑，病死獄中（益井康一，《裁かれる汪政權》，植村書店，一九四八年，通一〇以下，頁一五四以下）。而在此以前，從一九四〇年成立汪政權時候起，對重慶有幾個「管道」。由此當可推想周佛海播弄日本的一斑。

⑪田村真作，《愚かなる戰爭》，創元社，一九五〇年，頁一一八—一一九。（田村的《繆斌工作》一書，三榮出版社，一九五三年，是前書的改訂版。）

⑫田村真作，《愚かなる戰爭》，頁一三〇—一三一。

⑬辻政信，前引書，頁一七一—一七二。

⑭中村正吾，《永田町一番地》，頁一二四—一二五。

⑮今井武夫，《大陸の和平路線》（別冊《知性》一，一九五六年），頁三三九—三四

〇。

⑯田村真作，《愚かなる戰爭》，頁一五三。

⑰中村正吾，《永田町一番地》，頁一九四。

⑱中村正吾，《永田町一番地》，頁一九四。

⑲田村真作，《愚かなる戰爭》，頁一六五。

⑳田村真作，《愚かなる戰爭》，頁一六五—一六六。

㉑東久邇宮稔彥，《私の記錄》，頁七五—八五。

㉒前引，《終戰史錄》上卷，頁二一七—二二三。

㉓前引，《終戰史錄》上卷，頁三二八。石渡壯太郎推測：這個期間的經過是由於木戶幸一策略的結果（同上，頁二三〇）。又，重光與木戶之為好朋友是大家都知道的事實。

㉔在戰後的漢奸裁判，繆斌的審判始於一九四六年四月三日，八日判處死刑，五月二十一日執行死刑，非常之快。在主要漢奸中最早死刑的一個。在這之前，三月間，與繆斌聯絡的藍衣社的戴笠因空難去世。據說前述的陳長風也於此時罹難，所以在重慶沒有人知道繆斌的真意。（前引，《愚かなる戰爭》，頁一八一）。因此繆斌路線的真偽還是一個謎。至少他以某種方法與藍衣社有所接觸應該是事實，這一點連不相信繆斌的今井和重光也不否認。問題是，他是否獲得重慶尤其是

蔣氏的信任。同樣與重慶密通的周佛海和繆斌的今井和重光也不否認。問題是，他是否獲得重慶尤其是蔣氏的信任。同樣與重慶密通的周佛海和繆斌，在戴笠死後，一個減刑，一個馬上執行死刑，是否可以視為他們與重慶接觸親密與否的一個指標。綜合各種資料，在現階段，對繆否定的材料雖然比較多，但還沒有發現關鍵性的資料。而即使繆斌的路線是真的，從當時的國際情勢來判斷，要與重慶單獨和平是不可能的。

同時，在對中國工作上與首相具有責任的重光，在危急存亡的小磯・米内内閣的八個月，未能提出任何具體方策，雖然反對繆斌工作，卻未能提出代替方案，枉費時日也是事實。

譯者按：戴笠的左右手王新衡，生前曾告訴我：繆斌是他擅自派去日本騙日本人的，惟因繆斌後來變心，替日本人做工作，所以國民政府纔判他死刑。

⑧⑤今井武夫，《大陸の和平路線》，頁三四三—三四四。
⑧⑥種村佐幸，《大本營機密日誌》，頁二二九。
⑧⑦東鄉茂德，《時代の一面》，頁三三二。
⑧⑧種村佐幸，《大本營機密日誌》，頁二二九。
⑧⑨过政信説他於一九四四年二月，在南京總軍參謀時代曾策劃到重慶，因柴山的反對而沒有成功（过政信，《亞細亞の共感》，亞東書房，一九五〇年，頁二三五以

下）。 的調任沒有成功。

⑩ 今井武夫，《大陸の和平路線》，頁三四七。

⑪ 東鄉茂德，《時代の一面》，頁三三三。

⑫ J. L. Stuart, Fifty Years in China, 1945, PP.150-151.

⑬ 本文附印中時，得知神尾茂的《香港日記》（神尾玞貴子藏版，一九五七年）。這是本文第一節第三項「陶德曼調停」中有關「宇垣、孔祥熙工作」的主要資料。它說，萱野與頭山滿密切取得聯絡，努力於欲使日本政府接受中國的條件，沒有成功，前朝日新聞記者神尾茂曾受緒方竹虎之意，廣泛地與中國方面接觸，尋求私下的和平管道。

譯註：

① 關於汪精衛與日本的掛勾情形，譯者由聯經出版社出版有《汪精衛降日密檔》一書，請能參考。

② 關於陳公博，譯者撰有〈陳公博亡命記〉一文，收於拙著《國父在日本》一書，此書於民國七十七年由臺灣商務書館出版。

③ Shaw Yu-ming "John Leighton Stuart and the Sino-Japanese War", delivered on Conference on Chiang Kaishek and Madern China Symposium,

October 26-30,1986；對司徒雷登與抗戰有極深入的探討與分析。

（本文譯自衛藤瀋吉著《東アジア政治史研究》一書）

（原載民國八十八年二月號『近代中國』）

國家圖書館出版品預行編目資料

近代中日關係研究 第二輯：東亞政治史研究 / 衛藤瀋吉 著 / 陳鵬仁 譯. -- 初版. -- 臺北市：蘭臺出版社, 2022.11
冊； 公分-- (近近代中日關係研究第二輯；6)
ISBN 978-626-95091-9-5(全套：精裝)

1.CST: 中日關係 2.CST: 外交史

643.1 111011488

近代中日關係研究第二輯 6

東亞政治史研究

作　　者：衛藤瀋吉
譯　　者：陳鵬仁
主　　編：張加君
編　　輯：沈彥伶
美　　編：淩玉琳、陳勁宏、塗宇樵
校　　對：楊容容、古佳雯
封面設計：陳勁宏
出　　版：蘭臺出版社
地　　址：臺北市中正區重慶南路1段121號8樓之14
電　　話：(02) 2331-1675 或 (02) 2331-1691
傳　　真：(02) 2382-6225
E - MAIL ：books5w@gmail.com或books5w@yahoo.com.tw
網路書店：http://5w.com.tw/
https://www.pcstore.com.tw/yesbooks/
https://shopee.tw/books5w
博客來網路書店、博客思網路書店
三民書局、金石堂書店
經　　銷：聯合發行股份有限公司
電　　話：(02) 2917-8022　　傳真：(02) 2915-7212
劃撥戶名：蘭臺出版社　　帳號：18995335
香港代理：香港聯合零售有限公司
電　　話：(852) 2150-2100　　傳真：(852) 2356-0735
出版日期：2022年11月 初版
定　　價：新臺幣12000元整（精裝，套書不零售）
ISBN：978-626-95091-9-5